FiT FÜR DIE SCHULE spezial

So überwindest du Schwierigkeiten im 3. Schuljahr!

Mathematik trainieren

Von Peter Kohring

Illustrationen und Gestaltung
von Atelier Frey & Müller

STOCKMANN Tessloff

Zur Zehnerzahl ergänzen

Du kannst eine Menge Fehler vermeiden, wenn du sicher zum nächsten Zehner ergänzen kannst. Übe und wiederhole diese Aufgaben immer wieder, bis du sie beherrschst.

1 Immer zwei Zahlen ergeben 10

4 + 6 = 10	7 + ___ = 10	3 + ___ = 10
8 + ___ = 10	5 + ___ = 10	6 + ___ = 10
2 + ___ = 10	9 + ___ = 10	1 + ___ = 10

2 Schreibe die Ergänzungszahl zur Zahl 10 genau unter die Zahl!

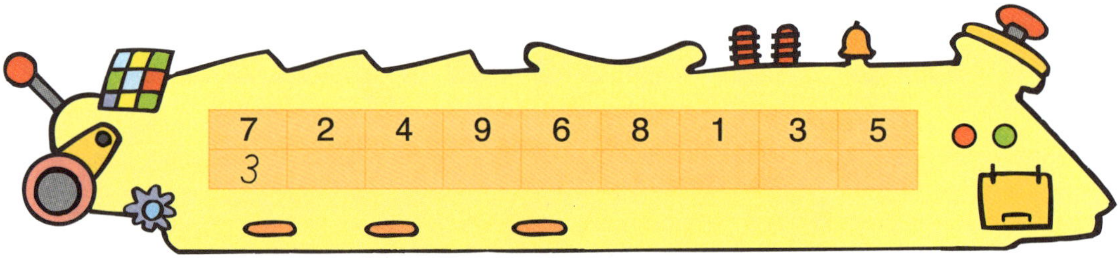

7	2	4	9	6	8	1	3	5
3								

3 Welche Zahl fehlt bis zur Zahl 20?

17 + 3 = 20	14 + ___ = 20	15 + ___ = 20
12 + ___ = 20	16 + ___ = 20	11 + ___ = 20
18 + ___ = 20	13 + ___ = 20	19 + ___ = 20

4 Ergänze zum nächsten Zehner!

24 + 6 = 30			
38 + ___ = ___	56 + ___ = ___		
43 + ___ = ___	85 + ___ = ___	72 + ___ = ___	
78 + ___ = ___	66 + ___ = ___	27 + ___ = ___	
29 + ___ = ___	21 + ___ = ___	32 + ___ = ___	79 + ___ = ___
58 + ___ = ___	83 + ___ = ___	64 + ___ = ___	69 + ___ = ___
25 + ___ = ___	76 + ___ = ___	37 + ___ = ___	34 + ___ = ___
39 + ___ = ___	46 + ___ = ___	87 + ___ = ___	42 + ___ = ___
44 + ___ = ___	61 + ___ = ___	53 + ___ = ___	28 + ___ = ___
71 + ___ = ___	67 + ___ = ___	84 + ___ = ___	65 + ___ = ___
26 + ___ = ___	89 + ___ = ___	59 + ___ = ___	52 + ___ = ___
81 + ___ = ___	22 + ___ = ___	55 + ___ = ___	23 + ___ = ___
75 + ___ = ___	86 + ___ = ___	47 + ___ = ___	77 + ___ = ___

Wenn du zu einer reinen Zehnerzahl eine einstellige Zahl addierst, ändert sich im Ergebnis nur die Einerstelle, die Zehnerstelle bleibt.

1 Zähle zusammen!

20 + 7 = 27	30 + 5 =	60 + 3 =
40 + 8 =	70 + 2 =	50 + 1 =
80 + 4 =	90 + 6 =	40 + 9 =
30 + 4 =	50 + 6 =	70 + 8 =
40 + 3 =	60 + 5 =	80 + 7 =
90 + 5 =	70 + 6 =	50 + 8 =

2 Nun kannst du auch die Umkehrung!

34 – 4 = 30	42 – 2 =	56 – 6 =
71 – 1 =	85 – 5 =	98 – 8 =
23 – 3 =	67 – 7 =	19 – 9 =

36 – = 30	62 – = 60	95 – = 90
43 – = 40	84 – = 80	21 – = 20
59 – = 50	78 – = 70	14 – = 10

Wenn du zu einer gemischten Zehnerzahl eine reine Zehnerzahl addierst, so ändert sich nur die Zehnerstelle, die Einerstelle bleibt erhalten.

3 Diese Aufgaben fallen dir sicherlich nicht schwer. Beachte die Regel!

48 + 20 = 68	62 + 30 =	71 + 20 =
57 + 20 =	36 + 10 =	54 + 30 =
14 + 40 =	27 + 60 =	38 + 40 =
23 + 70 =	32 + 30 =	47 + 20 =
46 + 50 =	42 + 30 =	53 + 20 =

4 Subtrahiere nun auch reine Zehnerzahlen!

49 – 20 = 29	73 – 40 =	85 – 50 =
54 – 30 =	62 – 40 =	97 – 50 =
87 – 50 =	41 – 30 =	39 – 20 =
93 – 60 =	86 – 60 =	74 – 40 =
62 – 20 =	81 – 50 =	57 – 40 =

Damit dir beim Addieren der Zehnerübergang nicht schwer fällt, musst du wissen, wie du die Ergänzungszahl zur Zahl 10 bildest.

1 Schreibe nochmals die Ergänzungszahl zur Zahl 10 auf!

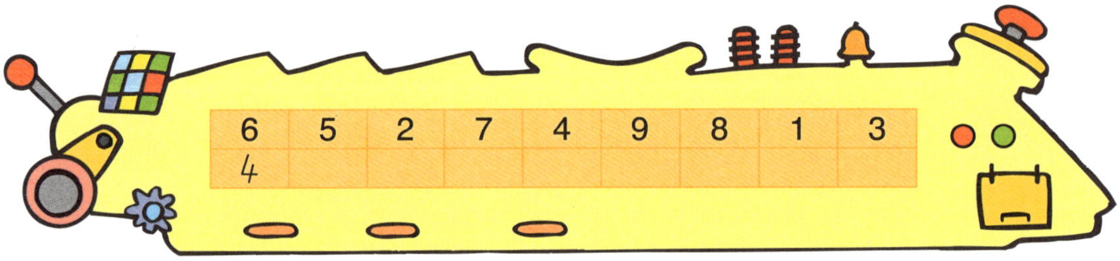

6	5	2	7	4	9	8	1	3
4								

2 Addiere in zwei Schritten!

Die Zahl, die du addieren musst, zerlegst du in die Ergänzungszahl zum nächsten Zehner. Die andere Zahl zählst du dann noch dazu.

Das ist deine Aufgabe. Du überlegst, welche Zahl zu 17 passt.

17 + 5

Nun zerlegst du die Zahl 5 in die Zahlen 3 und 2.

5 = 3 + 2

Jetzt addierst du zur Zahl 17 die Zahl 3 und erhältst 20. Zu 20 addierst du die Zahl 2 und bekommst als Ergebnis 22.

17 + 3 + 2 = 22

3 Rechne nun die weiteren Aufgaben genauso!

Aufgabe	Zerlegen	Rechnen
19 + 7	7 = 1 + 6	19 + ___ + ___ = ___
28 + 6	6 = ___ + ___	28 + ___ + ___ = ___
36 + 8	8 = ___ + ___	36 + ___ + ___ = ___
45 + 7	___ = ___ + ___	___ + ___ + ___ = ___
57 + 6	___ = ___ + ___	___ + ___ + ___ = ___
64 + 7	___ = ___ + ___	___ + ___ + ___ = ___
73 + 9	___ = ___ + ___	___ + ___ + ___ = ___
27 + 4	___ = ___ + ___	___ + ___ + ___ = ___
39 + 5	___ = ___ + ___	___ + ___ + ___ = ___
43 + 8	___ = ___ + ___	___ + ___ + ___ = ___
58 + 4	___ = ___ + ___	___ + ___ + ___ = ___

4 Das Zerlegen der Zahlen brauchst du nun nicht mehr aufzuschreiben. Überlege dir das Zerlegen im Kopf, bevor du schriftlich addierst.

25 + 8 = 25 + ___ + ___ = ___	27 + 7 = ___ + ___ + ___ = ___
26 + 6 = 26 + ___ + ___ = ___	28 + 6 = ___ + ___ + ___ = ___
23 + 8 = 23 + ___ + ___ = ___	29 + 3 = ___ + ___ + ___ = ___
24 + 8 = 24 + ___ + ___ = ___	25 + 6 = ___ + ___ + ___ = ___

1 Erinnerst du dich noch an die Zerlegung der Zahl 10? Übe nochmals!

10 = 9 + 1	10 = 8 +	10 = 7 +
10 = 6 +	10 = 5 +	10 = 4 +
10 = 3 +	10 = 2 +	10 = 1 +

2 Du kannst auch von der Zahl 10 leicht eine einstellige Zahl subtrahieren.

10 − 4 = 6	10 − 3 =	10 − 7 =
10 − 9 =	10 − 5 =	10 − 8 =
10 − 2 =	10 − 6 =	10 − 1 =

Diese Grundaufgaben darfst du nicht vergessen. Wenn du nun von einer reinen Zehnerzahl eine einstellige Zahl subtrahierst, verminderst du nur einen Zehner um diese Zahl. Die übrigen Zehner bleiben erhalten.

Beispiel:
40 − 3 = 37

Du zerlegst die Zahl 40 in 30 und 10. Die Zahl 30 bleibt auf alle Fälle stehen. Von der übrigen 10 subtrahierst du die Zahl 3 und erhältst 7, so dass dein Ergebnis 37 heißt.

3 Löse nun diese Aufgaben!

20 − 4 =	30 − 6 =	40 − 7 =
50 − 8 =	60 − 5 =	70 − 2 =
80 − 1 =	90 − 4 =	70 − 7 =
50 − 9 =	30 − 5 =	80 − 6 =
60 − 8 =	40 − 4 =	20 − 3 =

4 Nun kehren wir beim Subtrahieren zur reinen Zehnerzahl zurück.

54 − 4 = 50	47 − = 40	32 − = 30
71 − = 70	63 − = 60	85 − = 80
96 − = 90	38 − = 30	57 − = 50
78 − = 70	93 − = 90	44 − = 40
87 − = 80	62 − = 60	74 − = 70
53 − = 50	38 − = 30	21 − = 20
46 − = 40	65 − = 60	85 − = 80
74 − = 70	96 − = 90	62 − = 60

1 Subtrahiere nun in zwei Schritten!

Das ist deine Aufgabe. Du überlegst, welche Zahl du sofort von 63 abziehen kannst:	Nun zerlegst du – 7: 1. in – 3 2. in – 4	Wenn du 3 subtrahierst, erhältst du die Zahl 60.	Nun musst du noch 4 abziehen, und du bekommst das Ergebnis 56.
63 – 7	– 7 / – 3 – 4	63 – 3 = 60	60 – 4 = 56

74	–	7	=	74	–	4	–	3	=	67	7 4 3	
63	–	8	=	63	–	3	–	5	=		8 3 5	
46	–	8	=		–		–		=			
51	–	4	=		–		–		=			
32	–	7	=		–		–		=			
85	–	7	=		–		–		=			
96	–	8	=		–		–		=			
57	–	9	=		–		–		=			
38	–	9	=		–		–		=			

2 Subtrahiere in zwei Schritten! Kehre zuerst zur reinen Zehnerzahl zurück und subtrahiere dann den Rest!

45 – 8 = 45 – 5 – 3 =
61 – 4 = – – =
84 – 5 = – – =
72 – 8 = – – =

52 – 6 = – – =
73 – 6 = – – =
35 – 7 = – – =
76 – 9 = – – =

32 – 5 = – – =
45 – 7 = – – =
56 – 9 = – – =
66 – 8 = – – =

36 – 7 = – – =
43 – 9 = – – =
53 – 4 = – – =
63 – 7 = – – =

3 Versuche nun, die beiden Rechenschritte im Kopf zu rechnen, und schreibe nur das Ergebnis auf!

34 – 7 =
93 – 5 =
65 – 7 =

43 – 7 =
84 – 6 =
53 – 9 =

51 – 3 =
72 – 7 =
48 – 9 =

1 Wende nun deine Regeln an! Rechne immer in zwei Schritten!

+	5	8	6	4	7
27					
38					
49					
57					
68					

+	3	9	5	8	6
29					
58					
49					
68					
79					

–	4	6	8	5	7
32					
41					
53					
62					
81					

–	9	6	8	7	5
54					
73					
81					
92					
64					

2 Rechne weiter!

35 + 6 =
57 + 9 =
38 + 7 =
45 + 6 =
68 + 5 =
84 + 7 =

56 + 7 =
27 + 8 =
29 + 3 =
48 + 3 =
75 + 7 =
86 + 8 =

74 + 9 =
82 + 9 =
38 + 4 =
57 + 4 =
77 + 6 =
89 + 4 =

32 – 5 =
41 – 2 =
54 – 6 =
64 – 5 =
72 – 5 =
83 – 5 =

34 – 8 =
43 – 7 =
55 – 7 =
66 – 9 =
75 – 6 =
84 – 8 =

36 – 9 =
45 – 8 =
57 – 8 =
67 – 8 =
78 – 9 =
85 – 7 =

3 Wiederhole auch diese Grundaufgaben!

4 + 6 = 10
3 +   = 10

5 +   = 10
9 +   = 10

6 +   = 10
7 +   = 10

2 +   = 10
8 +   = 10

10 – 3 =
10 – 6 =

10 – 7 =
10 – 2 =

10 – 5 =
10 – 8 =

10 – 4 =
10 – 9 =

1 Rechne zuerst die leichte Aufgabe, dann die schwere Aufgabe!

4 + 5 = 9	3 + 5 =	2 + 7 =
40 + 50 = 90	30 + 50 =	20 + 70 =
5 + 2 =	6 + 3 =	1 + 7 =
50 + 20 =	60 + 30 =	10 + 70 =
4 + 3 =	2 + 5 =	5 + 3 =
40 + 30 =	20 + 50 =	50 + 30 =

2 Bilde Aufgabenreihen! Beginne mit der Ergebniszahl die neue Aufgabe!

3 + 10 = 13	6 + 10 = 16	94 − 10 = 84
13 + 10 =	16 + 10 =	84 − 10 =
+ 10 =	+ 10 =	− 10 =
+ 10 =	+ 10 =	− 10 =
+ 10 =	+ 10 =	− 10 =
+ 10 =	+ 10 =	− 10 =
+ 10 =	+ 10 =	− 10 =
+ 10 =	+ 10 =	− 10 =

3 Diese Aufgaben fallen dir nicht mehr schwer. Denke immer an die leichte Aufgabe von oben!

30 + 20 =	70 − 30 =	+ 30 = 70
40 + 50 =	90 − 60 =	+ 50 = 80
20 + 50 =	80 − 50 =	+ 30 = 50
30 + 60 =	60 − 10 =	+ 20 = 60
10 + 70 =	60 − 40 =	30 + = 90
30 + 40 =	70 − 60 =	20 + = 60
50 + 20 =	90 − 50 =	40 + = 90
20 + 60 =	80 − 50 =	50 + = 70

4 Bilde immer vier Aufgaben!

30 + 40 = 70	20 + 60 =	40 + 50 =
70 − 40 = 30	− 60 =	− 50 =
40 + 30 = 70	60 + 20 =	50 + 40 =
70 − 30 = 40	− 20 =	− 40 =

Willst du gemischte Zehnerzahlen addieren oder subtrahieren, so rechnest du wieder in zwei Schritten. Zuerst addierst (subtrahierst) du die Zehner, danach erst die Einer. Das Ergebnis trägst du dann auch in die erste Zeile ein.

1

30 + 26 = 56
30 + 20 = 50
50 + 6 = 56

20 + 47 =
20 + 40 =
\+ 7 =

30 + 58 =
30 + 50 =
\+ 8 =

40 + 35 =
40 + 30 =
\+ 5 =

20 + 58 =
20 + 50 =
\+ 8 =

10 + 69 =
10 + 60 =
\+ 9 =

20 + 37 =
20 + 30 =
\+ 7 =

30 + 45 =
30 + 40 =
\+ 5 =

40 + 28 =
40 + 20 =
\+ 8 =

2

35 + 23 = 58
35 + 20 = 55
55 + 3 = 58

26 + 42 =
26 + 40 =
\+ 2 =

42 + 27 =
42 + 20 =
\+ 7 =

41 + 35 =
41 + 30 =
\+ 5 =

32 + 37 =
32 + 30 =
\+ 7 =

27 + 61 =
27 + 60 =
\+ 1 =

3 **Versuche nun, ob du die einzelnen Rechenschritte im Kopf ausrechnen kannst! Schreibe nur das Ergebnis auf! Du kannst die Aufgaben aber auch in dein Heft schreiben und ausführlich ausrechnen.**

25 + 34 =	14 + 43 =	31 + 48 =
35 + 52 =	21 + 56 =	46 + 32 =
41 + 28 =	52 + 27 =	43 + 36 =
14 + 72 =	22 + 65 =	34 + 45 =
56 + 23 =	53 + 25 =	62 + 17 =
52 + 34 =	42 + 36 =	44 + 43 =

1 Der Zehnerübergang ist für dich nicht mehr schwierig, wenn du folgende Aufgaben sicher beherrschst.

27 + 30 =	57 + 3 =	60 + 4 =
36 + 20 =	56 + 4 =	60 + 3 =
38 + 40 =	78 + 2 =	80 + 6 =
47 + 40 =	87 + 3 =	90 + 5 =
59 + 20 =	79 + 1 =	80 + 7 =

2 Rechne nun diese Aufgaben in mehreren Schritten aus! Beachte dabei die Reihenfolge!

Dies ist deine Aufgabe.	Im ersten Rechenschritt addierst du die reinen Zehner, nämlich die Zahl 30.	Nun musst du noch die Zahl 8 addieren. Du überlegst, welche Zahl zur Ziffer 7 passt. Das ist die Zahl 3. Nun zerlegst du die Zahl 8 in 3 und 5. Nun addierst du zuerst 3 und danach 5.
27 + 38	27 + 30 = 57	57 + 8 = 57 + 3 + 5 = 65

39 + 26 = 65	46 + 25 =	58 + 36 =
39 + 20 = 59	46 + 20 =	58 + 30 =
59 + 1 = 60	+ 4 =	+ 2 =
60 + 5 = 65	+ 1 =	+ 4 =
25 + 39 =	67 + 26 =	55 + 37 =
25 + 30 =	67 + 20 =	55 + 30 =
+ 5 =	+ =	+ =
+ 4 =	+ =	+ =

3 Nun versuche, ob du die einzelnen Rechenschritte im Kopf lösen kannst. Schreibe nur das Ergebnis auf!

27 + 35 =	28 + 27 =
35 + 37 =	36 + 49 =
44 + 17 =	46 + 28 =

1 Wiederhole diese Aufgaben, damit dir dann die nächsten Aufgaben leicht fallen.

63 − 20 =	43 − 3 =	40 − 5 =
41 − 20 =	21 − 1 =	20 − 4 =
54 − 30 =	24 − 4 =	20 − 3 =
62 − 30 =	32 − 2 =	30 − 5 =
75 − 30 =	45 − 5 =	40 − 4 =

2 Beachte bei den Aufgaben die Reihenfolge der einzelnen Rechenschritte!

Dies ist deine Aufgabe.	Zunächst subtrahierst du die reine Zehnerzahl 20.	Nun musst du noch die Zahl 6 subtrahieren. Im ersten Schritt kehrst du zur Zahl 60 zurück, indem du 2 subtrahierst. Schließlich musst du noch 4 abziehen.
82 − 26	82 − 20 = 62	62 − 6 = 62 − 2 − 4 = 56

73 − 28 =	84 − 39 =	95 − 46 =
73 − 20 =	84 − 30 =	95 − 40 =
− 3 =	− 4 =	− 5 =
− 5 =	− 5 =	− 1 =

92 − 37 =	85 − 46 =	74 − 26 =
92 − 30 =	85 − 40 =	74 − 20 =
− =	− =	− =
− =	− =	− =

61 − 35 =	77 − 29 =	83 − 24 =
− =	− =	− =
− =	− =	− =
− =	− =	− =

3 Rechne die einzelnen Rechenschritte im Kopf und notiere nur das Ergebnis!

95 − 48 =	92 − 39 =	91 − 45 =
86 − 27 =	84 − 46 =	83 − 49 =
72 − 45 =	74 − 37 =	73 − 29 =
62 − 23 =	64 − 26 =	65 − 38 =

1 **Aus der zweiten Klasse kennst du noch die Einmaleinsaufgaben mit den Zahlen 2, 4 und 8. Halbieren und Verdoppeln sind dabei wichtige Hilfen, ebenso die Nachbaraufgaben. Rechne die Einmaleinsaufgaben aus und präge dir die Ergebnisse ein! Du musst sie sicher beherrschen.**

1 · 2 = 2	1 · 4 = 4	1 · 8 = 8
2 · 2 =	2 · 4 =	2 · 8 =
3 · 2 =	3 · 4 =	3 · 8 =
5 · 2 =	5 · 4 =	5 · 8 =
10 · 2 =	10 · 4 =	10 · 8 =
9 · 2 =	9 · 4 =	9 · 8 =
2 · 2 =	2 · 4 =	2 · 8 =
4 · 2 =	4 · 4 =	4 · 8 =
8 · 2 =	8 · 4 =	8 · 8 =
3 · 2 =	3 · 4 =	3 · 8 =
6 · 2 =	6 · 4 =	6 · 8 =
7 · 2 =	7 · 4 =	7 · 8 =

Fang mit 10 · ☐ an!

2 **Kontrolliere nun, ob du alle Aufgaben lösen kannst!**

3

	3	5	7	9	2	4	8	6	1	10
mal 2	6									
mal 4										
mal 8										

1 In der zweiten Klasse hast du bereits die Einmaleinsaufgaben mit den Zahlen 5 und 10 gelernt. Wiederhole nochmals diese Aufgaben, damit du ganz sicher bist. Wenn du eine Einmaleinsaufgabe vergessen hast, musst du sie von anderen Aufgaben ableiten, z.B. durch Verdoppeln, Halbieren oder durch eine Nachbaraufgabe.

1 · 5 = 5 2 · 5 = 3 · 5 =	1 · 10 = 10 2 · 10 = 3 · 10 =	Das Doppelte und das Dreifache fällt dir nicht schwer.
5 · 5 = 10 · 5 = 9 · 5 =	5 · 10 = 10 · 10 = 9 · 10 =	Rechne zuerst das Zehnfache, dann halbiere zum Fünffachen.
2 · 5 = 4 · 5 = 8 · 5 =	2 · 10 = 4 · 10 = 8 · 10 =	Durch Verdoppeln findest du das Vierfache und danach auch das Achtfache.
3 · 5 = 6 · 5 = 7 · 5 =	3 · 10 = 6 · 10 = 7 · 10 =	Durch Verdoppeln des Dreifachen findest du das Sechsfache. Das Siebenfache ist dann die Nachbaraufgabe.

2 Kontrolliere nun, ob du alle Aufgaben lösen kannst!

3

	3	5	7	9	2	4	8	6	1	10
mal 5	15									
mal 10										

1 **Auch das Einmaleins mit 3 und 6 ist dir aus der zweiten Klasse bekannt. Präge dir die Möglichkeiten des Ableitens von Einmaleinsaufgaben gut ein!**

1 · 3 = 3 2 · 3 = 3 · 3 =	Das Doppelte und das Dreifache fällt dir nicht schwer.	1 · 6 = 6 2 · 6 = 3 · 6 =
5 · 3 = 10 · 3 = 9 · 3 =	Rechne zuerst das Zehnfache, dann halbiere zum Fünffachen.	5 · 6 = 10 · 6 = 9 · 6 =
2 · 3 = 4 · 3 = 8 · 3 =	Durch Verdoppeln findest du das Vierfache und danach auch das Achtfache.	2 · 6 = 4 · 6 = 8 · 6 =
3 · 3 = 6 · 3 = 7 · 3 =	Durch Verdoppeln des Dreifachen findest du das Sechsfache. Das Siebenfache ist dann die Nachbaraufgabe.	3 · 6 = 6 · 6 = 7 · 6 =

2 **Übe das Ableiten durch Verdoppeln und Halbieren! Suche auch die Nachbaraufgaben!**

2 · 3 =
4 · 3 =
8 · 3 =

2 · 4 =
4 · 4 =
8 · 4 =

2 · 5 =
4 · 5 =
8 · 5 =

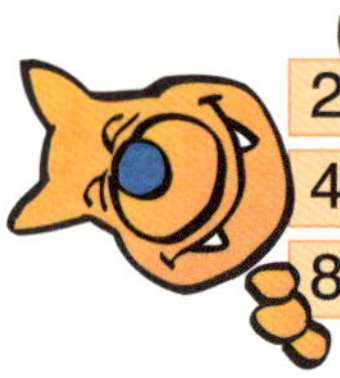

2 · 6 =
4 · 6 =
8 · 6 =

2 · 8 =
4 · 8 =
8 · 8 =

2 · 10 =
4 · 10 =
8 · 10 =

3 · 2 =
6 · 2 =

3 · 3 =
6 · 3 =

3 · 4 =
6 · 4 =

10 · 4 =
5 · 4 =

10 · 5 =
5 · 5 =

10 · 6 =
5 · 6 =

10 · 5 =
9 · 5 =

10 · 6 =
9 · 6 =

10 · 8 =
9 · 8 =

3 · 5 =
6 · 5 =
7 · 5 =

3 · 6 =
6 · 6 =
7 · 6 =

3 · 8 =
6 · 8 =
7 · 8 =

1

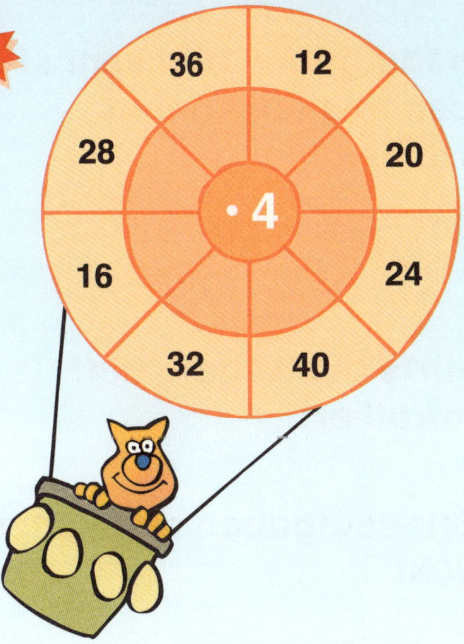

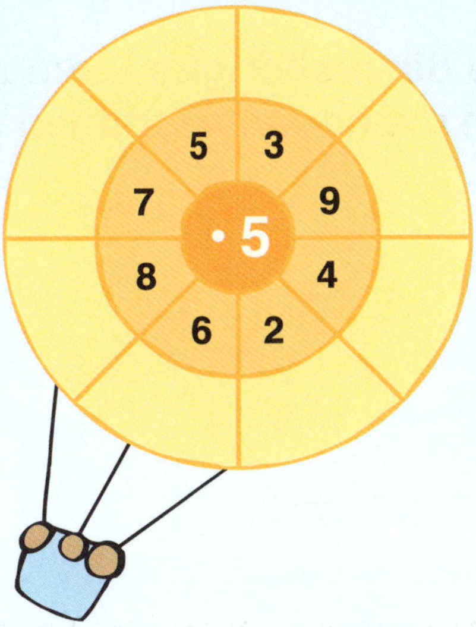

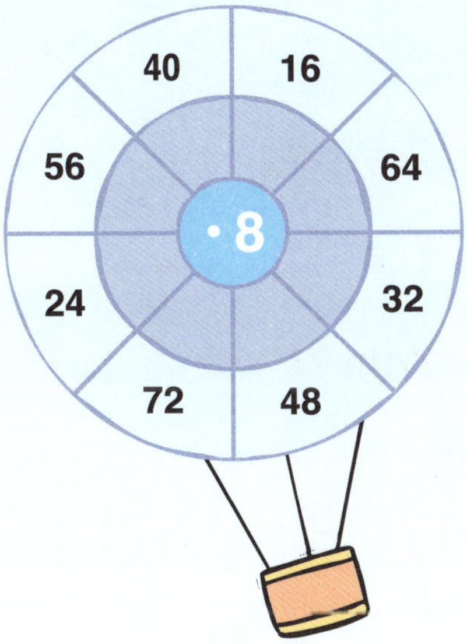

2

	1	10	5	2	4	8	3	6	9	7	0
· 3											
· 4											

3

·	2	4	8
5			
6			
4			

·	2	4	8
8			
2			
3			

·	2	4	8
7			
9			
0			

1 Nun kennst du schon die meisten Einmaleinsaufgaben und kennst auch die Hilfen, mit denen du dir die Aufgaben merken kannst. Schreibe die fehlenden Zahlen der Siebenerreihe auf!

7	14			35	42		56		70

2 Sage die Siebenerreihe vorwärts und rückwärts auswendig auf! Dazu benötigst du einen Helfer, der dich kontrolliert.

3 Erinnere dich, wie du die bisherigen Einmaleinsaufgaben abgeleitet hast, und rechne nun die neuen Aufgaben aus!

1 · 7 =	2 · 7 =	3 · 7 =
5 · 7 =	10 · 7 =	9 · 7 =
2 · 7 =	4 · 7 =	8 · 7 =
3 · 7 =	6 · 7 =	7 · 7 =

4 Vervielfache alle Zahlen der ersten Reihe mit der Zahl 7!

3	2	0	6	4	7	10	8	1	9	5

5 Rechne jetzt auch diese Aufgaben!

70 = ___ · 7	35 = ___ · 7	49 = ___ · 7
7 = ___ · 7	42 = ___ · 7	56 = ___ · 7
21 = ___ · 7	63 = ___ · 7	14 = ___ · 7
28 = ___ · 7	0 = ___ · 7	56 = ___ · 7

6 Rechne weiter!

___ · 7 = 14	___ · 7 = 0	___ · 7 = 21
___ · 7 = 7	___ · 7 = 28	___ · 7 = 63
___ · 7 = 35	___ · 7 = 49	___ · 7 = 56
___ · 7 = 42	___ · 7 = 21	___ · 7 = 70

1 Ordne die Zahlen der Neunerreihe und schreibe sie in der richtigen Reihenfolge auf!

36 18 81 45 9 27 63 90 54 72

9				45					90

2 Die Einmaleinsaufgaben kannst du wieder durch Halbieren, Verdoppeln und durch Nachbaraufgaben lösen.

1 · 9 =	5 · 9 =	2 · 9 =	3 · 9 =
2 · 9 =	10 · 9 =	4 · 9 =	6 · 9 =
3 · 9 =	9 · 9 =	8 · 9 =	7 · 9 =

3 Kannst du schon alle Einmaleinsaufgaben auswendig?

1 · 9 =	5 · 9 =	8 · 9 =	6 · 9 =
4 · 9 =	7 · 9 =	2 · 9 =	3 · 9 =
0 · 9 =	9 · 9 =	10 · 9 =	

· 9 = 0	· 9 = 90	· 9 = 45	· 9 = 63
· 9 = 9	· 9 = 18	· 9 = 36	· 9 = 27
· 9 = 54	· 9 = 72	· 9 = 81	· 9 = 54

4 Finde die richtigen Zahlen!

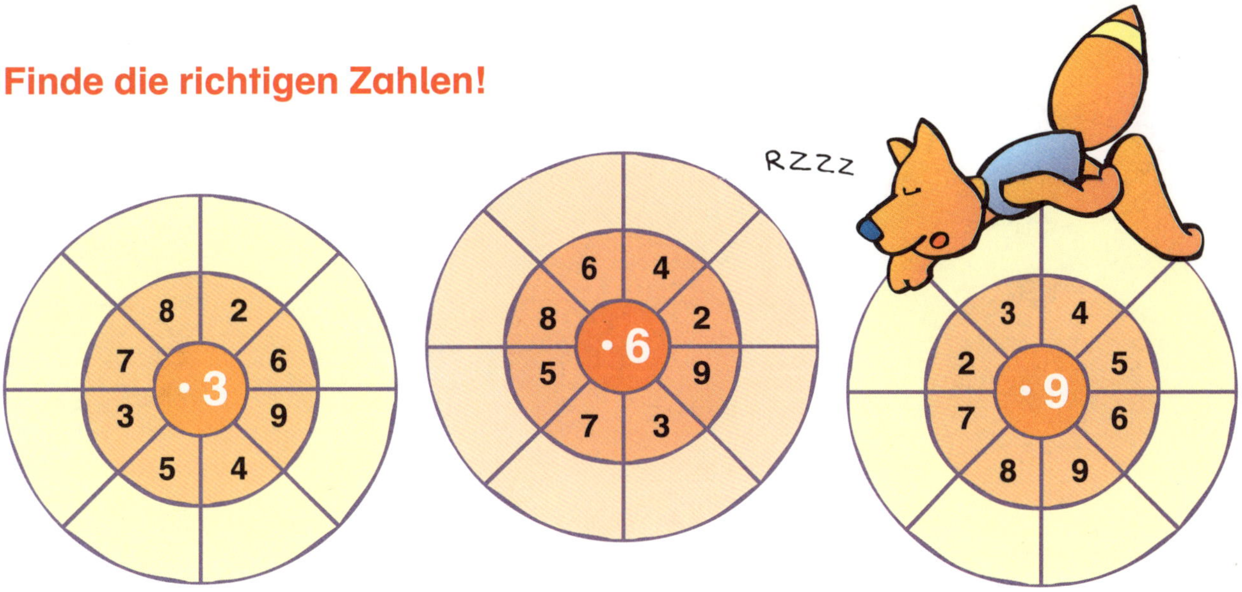

1 Schreibe immer vier Aufgaben nach diesem Beispiel auf!

3 • 6 = 18	6 • 3 = 18	18 : 3 = 6	18 : 6 = 3
4 • 7 =	• =	: =	: =
8 • 6 =	• =	: =	: =
9 • 3 =	• =	: =	: =
7 • 4 =	• =	: =	: =
5 • 7 =	• =	: =	: =
6 • 9 =	• =	: =	: =

Du weißt, dass du bei der Malaufgabe die beiden Zahlen (Faktoren) vertauschen kannst. Das Ergebnis bleibt gleich, denn:

6 • 4 ist genauso viel wie 4 • 6 und 9 • 5 ist genauso viel wie 5 • 9.

2 Rechne hin und wieder zurück!

Start	hin	Ziel	zurück
5	•	45	:
	• 9	63	: 9
8	• 9		: 9
42	: 7		•
5	• 8		: 8
9	• 8		: 8
7	• 8		: 8
54	: 6		• 6
56	: 7		•
28	: 7		•
	: 7	5	•
	: 7	7	•
6	• 9		: 9
9	•	81	:
0	• 1		:
48	: 6		• 6
6	• 8		: 8
4	• 8		: 8
8	• 8		: 8
21	:	3	•

1 **Übe mit den Einmaleinsaufgaben auch die passenden Teilaufgaben!**

3 · 7 = 21	4 · 8 = 32		6 · 4 = 24
21 : 7 = 3	32 : 8 =		24 : 4 =
6 · 3 =	3 · 7 =		5 · 9 =
: =	: =		: =
8 · 6 =	3 · 8 =		7 · 6 =
: =	: =		: =

2 **Die folgenden Teilaufgaben musst du immer wieder üben, bis du alle sicher lösen kannst. Löse die Aufgaben auf einem anderen Blatt, damit du sie auch wiederholen kannst.**

4 : 2 =	18 : 2 =	21 : 3 =	16 : 4 =
8 : 2 =	12 : 2 =	12 : 3 =	28 : 4 =
10 : 2 =	2 : 2 =	18 : 3 =	4 : 4 =
6 : 2 =	20 : 2 =	27 : 3 =	36 : 4 =
14 : 2 =	16 : 2 =	3 : 3 =	12 : 4 =

12 : 6 =	70 : 7 =
42 : 6 =	42 : 7 =
54 : 6 =	28 : 7 =
24 : 6 =	56 : 7 =
60 : 6 =	63 : 7 =

20 : 5 =	5 : 5 =
30 : 5 =	40 : 5 =
15 : 5 =	35 : 5 =
25 : 5 =	50 : 5 =
10 : 5 =	45 : 5 =

80 : 8 =	18 : 9 =	20 : 10 =	50 : 10 =
72 : 8 =	27 : 9 =	40 : 10 =	70 : 10 =
48 : 8 =	54 : 9 =	10 : 10 =	60 : 10 =
24 : 8 =	72 : 9 =	30 : 10 =	80 : 10 =
16 : 8 =	90 : 9 =	90 : 10 =	100 : 10 =

1 Zähle in Hunderterschritten vorwärts und auch rückwärts!

100	200			500					1000

1000			700				300		100

2 Diese Aufgaben fallen dir bestimmt nicht schwer.

100 + 4 = 104	100 + 20 = 120	100 + 35 = 135
200 + 6 =	300 + 40 =	400 + 46 =
400 + 9 =	600 + 80 =	700 + 32 =
700 + 2 =	800 + 50 =	900 + 73 =
500 + 8 =	400 + 60 =	600 + 62 =
900 + 7 =	500 + 30 =	800 + 59 =
300 + 1 =	200 + 90 =	200 + 84 =

3 Schreibe zu den Zahlen den Vorgänger und den Nachfolger auf! Du findest den Vorgänger, indem du 1 abziehst. Den Nachfolger findest du, wenn du zur Zahl 1 addierst.

Vorgänger (-1)	26								
Zahl	27	136	261	385	458	725	857	543	642
Nachfolger (+1)	28								

4 Schreibe nun auch die Nachbarzehner auf. Du überlegst, zwischen welchen Zehnern diese Zahl liegt. Die Zahl 146 liegt zwischen 140 und 150. Deshalb heißen die Nachbarzehner 140 und 150.

Nachbarzehner	150								
Zahl	156	247	358	287	472	262	535	417	323
Nachbarzehner	160								

5 Suche nun auch die Nachbarhunderter. Du überlegst, zwischen welchen Hundertern diese Zahl liegt. Die Zahl 236 liegt zwischen 200 und 300. Die Nachbarhunderter heißen daher 200 und 300.

Nachbarhunderter	300								
Zahl	346	428	159	659	759	831	287	577	365
Nachbarhunderter	400								

1 Wie heißen die fehlenden Zahlen? Überlege, wie sich die Zahlen verändern. Musst du 1 oder 10 dazuzählen?

200	210	220		240	250				290
310			340			370			
	430			460				500	
		560	570			600			630
340	341				345				
426	427			430					435
		560	561				565		

2 Welche Zehnerzahlen liegen zwischen 320 und 410?

3 Welche Zehnerzahlen liegen zwischen 460 und 550?

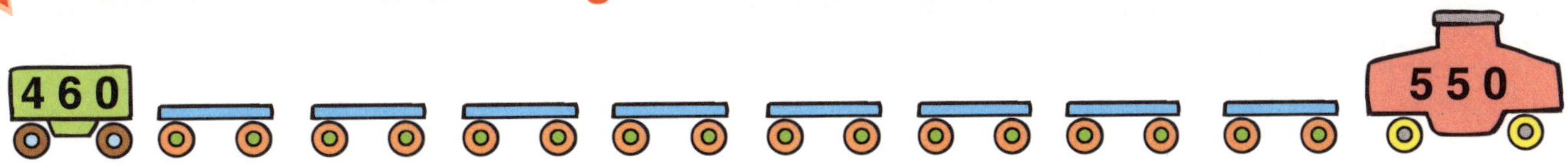

4 Gib den Nachfolger der Zahlen an!

Zahl	69	129	279	329	459	589	499	549	999
Nachfolger (+1)	70								

5 Male die größere der beiden Zahlen gelb an!

347 374   528 582   645 654

671 617   763 736   892 829

6 Male die kleinere der beiden Zahlen grün an!

353 345   382 328   441 414

607 670   856 865   972 927

1 Wie heißen die fehlenden Zahlen?

201	202	203		205	206				210
211			214	215	216	217		219	
221		223			226		228	229	230
	232		234	235		237			240
		243		245			248	249	
251	252				256				260
261		263	264	265			268		270
	272	273			276	277		279	
281			284	285			288		290
291	292	293		295		297			300

2 Ergänze die fehlenden Zahlen! Denke daran, dass jeder Hunderter gleich aufgebaut ist. In jeder senkrechten Spalte eines Hunderters steht an der Einerstelle die gleiche Ziffer.

1 Immer drei Aufgaben gehören zusammen.

5 + 4 = 9
50 + 40 = 90
500 + 400 = 900

3 + 6 =
30 + 60 =
300 + 600 =

5 + 3 =
50 + 30 =
500 + 300 =

2 + 4 =
20 + 40 =
200 + 400 =

2 Rechne die Aufgaben aus und schreibe die Ergebnisse auf!

37 + 40 =
237 + 40 =

63 + 20 =
263 + 20 =

35 + 30 =
235 + 30 =

45 + 50 =
245 + 50 =

24 + 50 =
224 + 50 =

67 + 20 =
267 + 20 =

3 Löse die folgenden Aufgaben in einzelnen Rechenschritten so wie im Beispiel!

246 + 35 = 281
246 + 30 = 276
276 + 5 = 281

428 + 56 =
428 + 50 =
\+ 6 =

425 + 57 =
\+ =
\+ =

329 + 46 =
\+ =
\+ =

364 + 28 =
\+ =
\+ =

272 + 19 =
\+ =
\+ =

4 Diese Aufgaben sind nicht schwerer. Du musst einen weiteren Rechenschritt lösen. Schau dir das Beispiel gut an, dann gelingen dir auch alle Aufgaben.

327 + 265 =
327 + 200 = 527
527 + 60 = 587
587 + 5 = 592

Das ist die Aufgabe. Unterstreiche sie!
Addiere zunächst die Hunderter!
Nun addierst du die Zehner.
Schließlich addierst du die Einer.

437 + 248 =
437 + 200 =
\+ 40 =
\+ 8 =

547 + 235 =
547 + 200 =
\+ 30 =
\+ 5 =

1 Übe solche Aufgaben, bis du ganz sicher bist!
Löse zuerst die leichte Aufgabe!

68 − 20 =
368 − 20 =

78 − 40 =
278 − 40 =

49 − 20 =
849 − 20 =

75 − 50 =
475 − 50 =

57 − 30 =
357 − 30 =

98 − 50 =
498 − 50 =

67 − 30 =
667 − 30 =

85 − 70 =
785 − 70 =

81 − 60 =
481 − 60 =

2 Löse die Aufgaben in mehreren Rechenschritten! Ziehe zuerst die Zehner, dann die Einer ab! Trage dann das Ergebnis in die erste Zeile ein!

467 − 45 = 422
467 − 40 = 427
427 − 5 = 422

598 − 67 =
598 − 60 =
 − =

673 − 51 =
673 − 50 =
 − =

758 − 43 =
 − =
 − =

689 − 74 =
689 − 70 =
 − =

497 − 35 =
 − =
 − =

3 Die folgenden Aufgaben musst du in drei Rechenschritten lösen. Subtrahiere der Reihe nach die Hunderter, dann die Zehner und schließlich die Einer! Trage das Ergebnis dann in der ersten Zeile ein!

562 − 231 = 331
562 − 200 = 362
362 − 30 = 332
332 − 1 = 331

468 − 147 =
468 − 100 =
 − 40 =
 − 7 =

983 − 562 =
983 − 500 =
 − 60 =
 − 2 =

678 − 256 =
 − =
 − =
 − =

759 − 426 =
 − =
 − =
 − =

867 − 325 =
 − =
 − =
 − =

1 Du kannst die Aufgaben auch anders lösen, indem du die Zahlen beim Addieren und Subtrahieren zerlegst und nebeneinander aufschreibst. Schau dir das Beispiel an! Die einzelnen Rechenschritte musst du im Kopf lösen. Die Zwischenergebnisse musst du dir merken.

1. Rechenschritt: 459 + 30 = 489

459 + 38 = 459 + 30 + 8 = 497

2. Rechenschritt: 489 + 8 = 497

236 + 43 = 236 + 40 + 3 =
312 + 57 = + + =
461 + 28 = + + =
526 + 63 = + + =

279 − 43 = 279 − 40 − 3 =
369 − 57 = − − =
489 − 28 = − − =
632 − 54 = − − =

2 Nun werden die Aufgaben ein wenig schwieriger. Du musst auf die Überschreitung des Zehners und Hunderters achten. Zerlege die Zahlen in Hunderter, Zehner und Einer und rechne der Reihe nach die einzelnen Rechenschritte aus. Rechne wie im Beispiel!

1. Rechenschritt: 358 + 200 = 558

358 + 276 = 358 + 200 + 70 + 6 = 634

2. Rechenschritt: 558 + 70 = 628

3. Rechenschritt: 628 + 6 = 634

267 + 479 = 267 + 400 + 70 + 9 =
486 + 358 = 486 + 300 + 50 + 8 =
175 + 568 = 175 + 500 + 60 + 8 =

3 Auch beim Subtrahieren musst du die Zahl in Hunderter, Zehner und Einer zerlegen, nebeneinander schreiben und der Reihe nach subtrahieren. Du musst dich konzentrieren, damit du die Zwischenergebnisse nicht vergisst.

823 − 457 = 823 − 400 − 50 − 7 =
746 − 278 = 746 − 200 − 70 − 8 =
934 − 586 = 934 − 500 − 80 − 6 =

1 Das Malnehmen (die Multiplikation) mit Zehnerzahlen fällt dir leicht, wenn du das kleine Einmaleins beherrschst. Denke bei diesen Aufgaben an die passende Einmaleinsaufgabe und löse dann die neue Aufgabe!

4 · 7 = 28	6 · 3 =	9 · 4 =
4 · 70 = 280	6 · 30 =	9 · 40 =
3 · 9 =	6 · 8 =	8 · 7 =
3 · 90 =	6 · 80 =	8 · 70 =
7 · 4 =	3 · 8 =	9 · 3 =
7 · 40 =	3 · 80 =	9 · 30 =

2 Diese Aufgaben kannst du bestimmt ganz leicht ausrechnen.

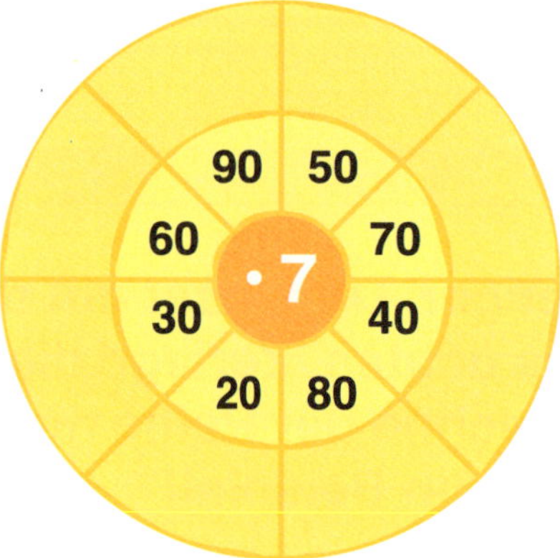

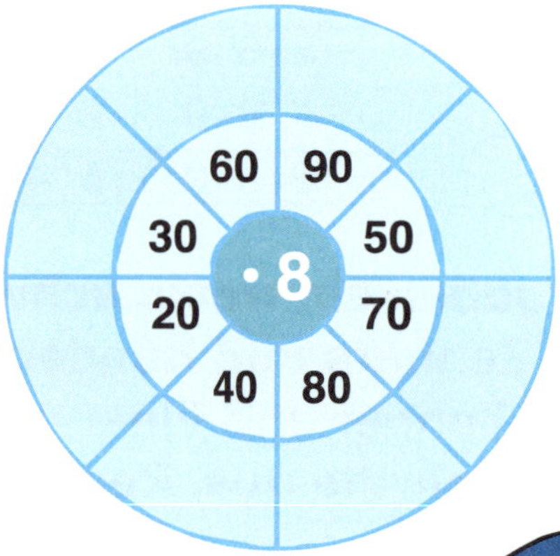

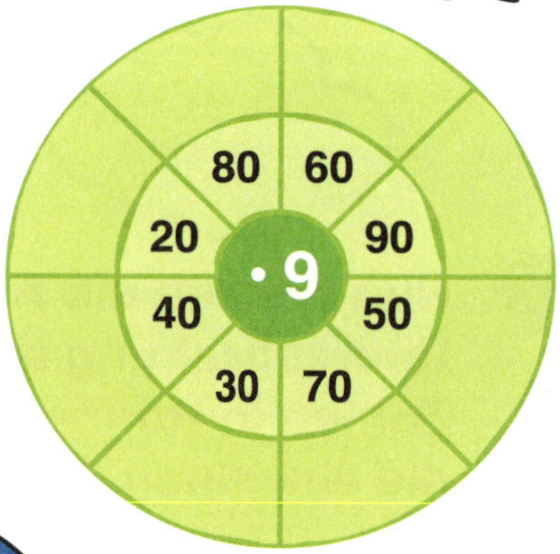

3 Fülle die leeren Felder in den Raketen aus!

·40	
10	
4	
7	
5	
9	
6	
3	
8	

·60	
3	
8	
6	
4	
9	
7	
10	
5	

·30	
4	
2	
7	
5	
8	
6	
9	
3	

·70	
5	
8	
4	
7	
3	
6	
9	
2	

1 Beim Teilen (Dividieren) durch Zehnerzahlen musst du dich an die Umkehraufgaben des kleinen Einmaleins erinnern. Löse zuerst die einfache Teilaufgabe, dann die große Aufgabe.

320 : 8 =	32 : 8 = 4	320 : 8 = 40
180 : 3 =	18 : 3 =	180 : 3 =
210 : 7 =	21 : 7 =	210 : 7 =

180 : 2 =	240 : 6 =	280 : 4 =
320 : 4 =	360 : 6 =	400 : 5 =
400 : 8 =	420 : 7 =	420 : 6 =
450 : 5 =	450 : 9 =	490 : 7 =
540 : 6 =	540 : 9 =	560 : 7 =
560 : 8 =	630 : 7 =	630 : 9 =
720 : 8 =	720 : 9 =	810 : 9 =

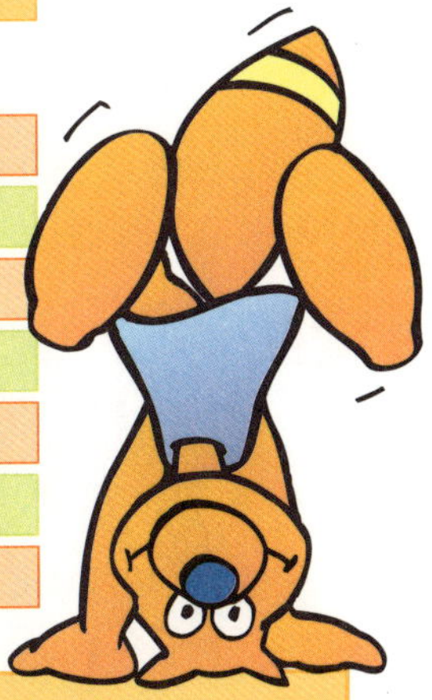

Dieses Beispiel hilft dir bei der Lösung der nächsten Aufgaben.

240 : 60 ist genauso viel wie 24 : 6 .

2 Nun kannst du leicht die folgenden Aufgaben ausrechnen.

210 : 70 =	250 : 50 =	280 : 70 =
320 : 80 =	360 : 60 =	360 : 40 =
420 : 70 =	420 : 60 =	450 : 50 =
540 : 60 =	540 : 90 =	560 : 70 =
640 : 80 =	720 : 80 =	720 : 90 =

3 Nun kannst du zeigen, was du gelernt hast.

160 : 4 =	180 : 6 =	200 : 5 =
120 : 40 =	150 : 50 =	180 : 60 =
180 : 30 =	210 : 7 =	200 : 50 =
210 : 3 =	240 : 60 =	240 : 4 =
250 : 5 =	250 : 50 =	280 : 7 =
280 : 70 =	300 : 6 =	300 : 60 =
320 : 8 =	320 : 40 =	320 : 4 =
360 : 60 =	360 : 4 =	360 : 40 =

Wenn du Schwierigkeiten beim Lösen der Aufgaben dieser Seite hast, übe nochmals auf den Seiten 26-27 .

1

·	80	30	60	20
8				
5				
9				
6				
7				
4				
3				

·	90	70	50	30
7				
4				
8				
3				
9				
6				
5				

·	40	20	80	50
6				
3				
7				
2				
8				
5				
4				

2

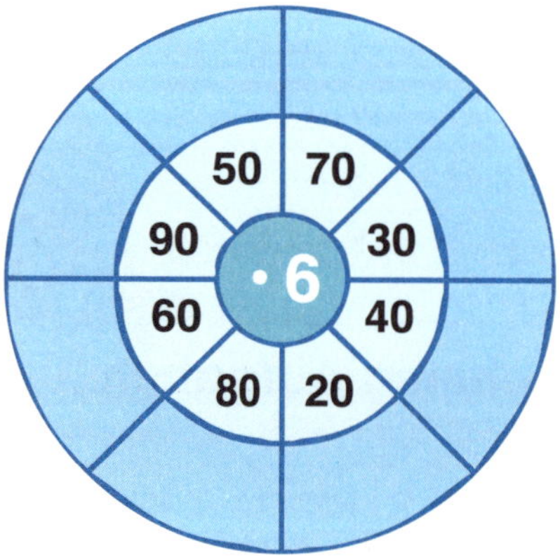

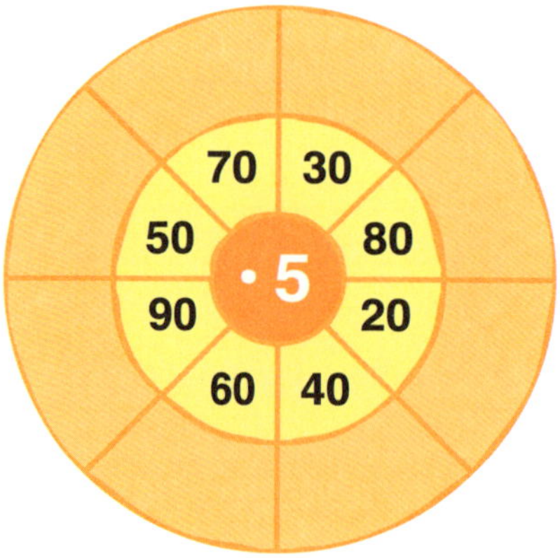

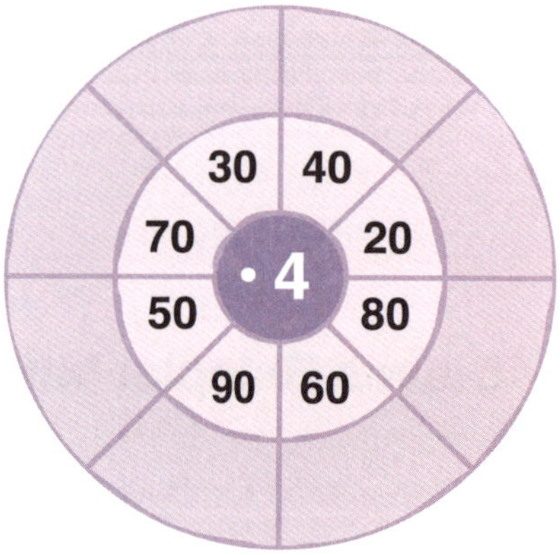

3

: 40	
360	9
200	
120	
320	
80	
240	
400	
160	
280	

: 30	
120	4
210	
300	
90	
150	
240	
180	
60	
270	

: 70	
280	4
490	
700	
210	
420	
140	
630	
350	
560	

1 **Rechnen in mehreren Schritten kennst du schon vom halbschriftlichen Addieren und Subtrahieren. Beim halbschriftlichen Multiplizieren (Malnehmen) vervielfachst du zuerst die Zehner und dann die Einer. Beide Ergebnisse musst du dann addieren. Übe wie im Beispiel!**

4 · 28 =	Das ist die Aufgabe:
4 · 20 = 80	Du vervielfachst zuerst 4 mit der Zehnerzahl und erhältst die Zahl 80.
4 · 8 = 32	Nun vervielfachst du die Zahl 4 mit 8 und erhältst die Zahl 32.
4 · 28 = 112	Jetzt musst du die beiden Zwischenergebnisse (80 und 32) addieren und das Ergebnis 112 eintragen.

3 · 48 =	4 · 39 =	5 · 56 =
3 · 40 =	4 · 30 =	5 · 50 =
3 · 8 =	4 · 9 =	5 · 6 =
3 · 48 =	4 · 39 =	5 · 56 =
6 · 39 =	7 · 63 =	8 · 72 =
6 · 30 =	7 · 60 =	8 · 70 =
6 · 9 =	7 · 3 =	8 · 2 =
6 · 39 =	7 · 63 =	8 · 72 =

2 **Nun musst du einen weiteren Rechenschritt lösen.**

3 · 258 =	Das ist die Aufgabe:
3 · 200 = 600	Vervielfache zuerst die Hunderter: 3 · 200 = 600
3 · 50 = 150	Nun vervielfachst du die Zehner: 3 · 50 = 150
3 · 8 = 24	Jetzt vervielfachst du die Einer: 3 · 8 = 24
3 · 258 = 774	Schließlich musst du alle Ergebnisse addieren und erhältst 774 .

4 · 237 =	5 · 179 =	6 · 137 =
4 · 200 =	5 · 100 =	6 · 100 =
4 · 30 =	5 · 70 =	6 · 30 =
4 · 7 =	5 · 9 =	6 · 7 =
4 · 237 =	5 · 179 =	6 · 137 =
2 · 389 =	3 · 275 =	2 · 354 =
2 · 300 =	3 · 200 =	2 · 300 =
2 · 80 =	3 · 70 =	2 · 50 =
2 · 9 =	3 · 5 =	2 · 4 =
2 · 389 =	3 · 275 =	2 · 354 =

Beim halbschriftlichen Dividieren (Teilen) durch eine einstellige Zahl musst du günstig zerlegen:

Heißt der Teiler 2, dann zerlegst du in Zwanzigerzahlen und Zweier-Einmaleinszahlen: 48 zerlegst du in 40 und 8.

Heißt der Teiler 3, dann zerlegst du in Dreißigerzahlen und Dreier-Einmaleinszahlen: 72 zerlegst du in 60 und 12.

Heißt der Teiler 4, dann zerlegst du in Vierzigerzahlen und Vierer-Einmaleinszahlen.

Heißt der Teiler 5, dann ...

Zerlege günstig und mache auch die Probe (Gegenrechnung)!

72 : 4 =	Gegenrechnung →	4 · 18 =
40 : 4 = 10		4 · 10 = 40
32 : 4 = 8		4 · 8 = 32
72 : 4 = 18		4 · 18 = 72

1

78 : 3 =
60 : 3 =
18 : 3 =
78 : 3 =
3 · 26 =
3 · 20 =
3 · 6 =
3 · 26 =

2

85 : 5 =
50 : 5 =
35 : 5 =
85 : 5 =
· =
· =
· =
· =

3

96 : 6 =
60 : 6 =
36 : 6 =
96 : 6 =
· =
· =
· =
· =

4

138 : 6 =
120 : 6 =
18 : 6 =
138 : 6 =
6 · =
6 · =
6 · =
6 · =

5

136 : 4 =
120 : 4 =
16 : 4 =
136 : 4 =
4 · =
4 · =
4 · =
4 · =

6

125 : 5 =
100 : 5 =
25 : 5 =
125 : 5 =
5 · =
5 · =
5 · =
5 · =

Hier kannst du nochmal alle Rechenarten halbschriftlich lösen. Führe der Reihe nach die einzelnen Rechenschritte durch!

1 Halbschriftlich addieren

Addiere zuerst die Hunderter, dann die Zehner und schließlich die Einer!

3	5	8	+	2	6	9	=			
3	5	8	+	2	0	0	=			
			+		6	0	=			
			+			9	=			

2 Halbschriftlich subtrahieren

Subtrahiere zuerst die Hunderter, dann die Zehner und schließlich die Einer!

8	2	3	–	3	7	6	=			
8	2	3	–	3	0	0	=			
			–		7	0	=			
			–			6	=			

3 Halbschriftlich malnehmen (multiplizieren)

Vervielfache zuerst die Hunderter, dann die Zehner und die Einer. Alle Zwischenergebnisse musst du dann noch addieren und das Endergebnis aufschreiben.

4	•	1	7	9	=			
4	•	1	0	0	=			
4	•		7	0	=			
4	•			9	=			

3	•	2	6	8	=			
3	•	2	0	0	=			
3	•		6	0	=			
3	•			8	=			

2	•	4	8	6	=			
2	•	4	0	0	=			
2	•		8	0	=			
2	•			6	=			

4 Halbschriftlich teilen (dividieren)

Du erinnerst dich: Heißt der Teiler beispielsweise 6, dann zerlegst du die Zahl in Sechzigerzahlen und Sechser-Einmaleinszahlen.

1	9	2	:	6	=		
1	8	0	:	6	=		
	1	2	:	6	=		
1	9	2	:	6	=		

2	7	6	:	6	=		
2	4	0	:	6	=		
	3	6	:	6	=		
2	7	6	:	6	=		

3	2	4	:	6	=		
3	0	0	:	6	=		
	2	4	:	6	=		
3	2	4	:	6	=		

5 Nun kannst du Aufgaben der vier Grundrechenarten halbschriftlich lösen.

3	7	8	+	4	6	9	=			
			+				=			
			+				=			
			+				=			

8	7	4	–	3	9	6	=			
			–				=			
			–				=			
			–				=			

6	•	1	5	7	=			
6	•				=			
6	•				=			
6	•				=			

4	6	4	:	8	=		
			:	8	=		
			:	8	=		
			:	8	=		

Beim schriftlichen Addieren musst du genau alle Hinweise beachten. Die Beispiele helfen dir.

Aufgabe: 2 5 4 + 3 2 1

Schreibe beim schriftlichen Addieren die Zahlen stellengerecht untereinander und setze das Pluszeichen nicht zu dicht an die Zahlen! Den Summenstrich ziehst du eine volle Kästchenzeile tiefer.

			2	5	4
	+		3	2	1
			5	7	5

A Du beginnst bei den Einern, immer von unten nach oben zu addieren:
1 plus **4** gleich **5**, schreibe 5.
Das Ergebnis **5** betonst du und schreibst es gleichzeitig unter den Summenstrich in die Stelle der Einer.

B Nun addierst du die Zehner, beginnst wieder unten und sprichst:
2 plus **5** gleich **7**, schreibe 7.
Das Ergebnis **7** betonst du und schreibst es gleichzeitig unter den Summenstrich in die Stelle der Zehner.

C Schließlich addierst du die Hunderter. Fange unten an und sprich:
3 plus **2** gleich **5**, schreibe 5.
Die betonte Zahl **5** schreibst du stellengerecht in die Stelle der Hunderter.

465	472	516	532
+ 223	+ 313	+ 361	+ 234

850	437	807	306
+ 147	+ 342	+ 151	+ 492

246	173	330	241
+ 521	+ 416	+ 456	+ 714

264	541	355	407
+ 514	+ 237	+ 543	+ 272

Nun übst du schriftliches Addieren mit Überschreitung.

Wenn du beispielsweise 5 plus 8 rechnest, erhältst du als Ergebnis die Zahl 13.

	2	3	8
+	4	1	5
		1	
	6	5	3

A Die Zahl 13 besteht aus 3 Einern und 1 Zehner.
Die 3 Einer schreibst du unter dem Summenstrich in die Stelle der Einer. Den 1 Zehner musst du an die Stelle der Zehner schreiben, aber über dem Summenstrich in das leere Kästchen.
Du sprichst dabei: **5** plus **8** gleich **13**, schreibe *3* übertrage *1*.

B Nun addierst du die Zehner. Du beginnst bei der Übertragziffer 1 und sprichst:
1 plus **1** gleich **2**, **2** plus **3** gleich **5**, schreibe *5*.
Die Übertragsziffer musst du groß genug, ordentlich und stellengerecht notieren.

C Schließlich addierst du noch die Hunderter. Beginne immer von unten nach oben zu addieren!
Sprich: **4** plus **2** gleich **6**, schreibe *6*.

348	349	527	346
+ 263	+ 127	+ 248	+ 425
436	128	538	439
+ 237	+ 653	+ 254	+ 218
245	356	337	543
+ 516	+ 337	+ 219	+ 228
567	463	438	327
+ 216	+ 328	+ 253	+ 544
236	346	464	648
+ 527	+ 138	+ 217	+ 136

Eine Überschreitung kann es von den Einern zu den Zehnern ebenso geben wie auch von den Zehnern zu den Hundertern. Du musst dabei genauso rechnen wie auf Seite 33 beschrieben.

	3	6	8
+	4	9	7
	1	1	
	8	6	5

7 plus **8** gleich **15**, schreibe 5, übertrage 1.
1 plus **9** gleich **10**, **10** plus **6** gleich **16**, schreibe 6, übertrage 1.
1 plus **4** gleich **5**, **5** plus **3** gleich **8**, schreibe 8.

457	269	438	575
+ 268	+ 575	+ 294	+ 199

496	375	287	538
+ 156	+ 468	+ 187	+ 296

594	385	669	549
+ 237	+ 457	+ 175	+ 176

178	266	345	299
+ 563	+ 475	+ 198	+ 545

354	538	765	553
+ 566	+ 296	+ 177	+ 299

267	298	388	378
+ 253	+ 472	+ 372	+ 452

Aufgabe: 345 + 78 + 289 + 7 + 163

Diese vier Zahlen musst du zuerst stellengerecht untereinander schreiben. Einer schreibst du in die Einerstelle, Zehner in die Zehnerstelle, Hunderter in die Hunderterstelle.

Dann lässt du eine volle Kästchenzeile frei und ziehst mit dem Lineal den Summenstrich.

Die Pluszeichen schreibst du nicht zu dicht an die Zahlen. Dabei richtest du dich nach der Zahl mit den meisten Stellen und notierst dann alle Pluszeichen genau untereinander.

Beginne immer von unten nach oben zu addieren.

			3	4	5
	+			7	8
	+		2	8	9
	+				7
	+		1	6	3
				3	
					2

Schreibe die Zahlen beim Addieren stellengerecht untereinander und addiere sie schriftlich!

1. 147 + 34 + 287 + 9 + 69

			1	4	7
	+				

2. 304 + 39 + 210 + 3 + 59

3. 397 + 243 + 58 + 7 + 26

4. 260 + 5 + 68 + 73 + 278

5. 400 + 56 + 6 + 79 + 200

6. 334 + 100 + 45 + 8 + 23

7. 211 + 34 + 50 + 4 + 546

8. 449 + 70 + 150 + 6 + 56

9. 340 + 47 + 8 + 48 + 362

Bei der schriftlichen Subtraktion musst du wieder genau alle Hinweise beachten, die du zum Teil bereits beim schriftlichen Addieren gelernt hast.

Aufgabe: 5 6 9 − 2 3 7

Schreibe beim schriftlichen Subtrahieren die Zahlen stellengerecht untereinander. In jedes Kästchen darfst du aber nur eine Ziffer schreiben. Setze das Minuszeichen nicht zu dicht an die Zahl.
Nun lässt du eine volle Kästchenzeile frei und ziehst mit dem Lineal einen Strich vom Minuszeichen bis zur Einerziffer.

			5	6	9
	−		2	1	7
			3	5	2

A Du beginnst wieder bei den Einern und ergänzt von der unteren zur oberen Zahl.
Du sprichst: **7** plus wie viel gleich **9**? **7** plus **2** gleich **9**. Die 2 musst du betonen und gleichzeitig unter den Strich in die Stelle der Einer eintragen.

B Nun ergänzt du die Zahlen der Zehnerstelle und sprichst:
1 plus wie viel gleich **6**? **1** plus **5** gleich **6**. Die 5 musst du betonen und gleichzeitig unter den Strich in die Stelle der Zehner eintragen.

C Schließlich ergänzt du die Zahlen der Hunderterstelle und sprichst:
2 plus wie viel gleich **5**? **2** plus **3** gleich **5**. Die 3 musst du betonen und gleichzeitig unter den Strich in die Stelle der Hunderter notieren.

764	685	987	876
− 213	− 431	− 563	− 425
654	756	774	859
− 231	− 542	− 342	− 538
665	769	774	885
− 423	− 535	− 342	− 551
569	674	668	768
− 252	− 432	− 124	− 235

Nun übst du das schriftliche Subtrahieren mit Überschreitung. Dabei musst du alle Hinweise beachten, die du bisher beim schriftlichen Subtrahieren (Seite 36) gelernt hast.

	6	3	4
−	2	7	9
	1	1	
	3	5	5

A Du beginnst wieder bei der Einerstelle und sprichst: **9** plus wie viel gleich **14**? **9** plus **5** gleich **14**, schreibe *5*, übertrage *1*. Du betonst die Zahl *5* und schreibst sie unter den Strich in die Einerstelle. Den 1 Zehner musst du über dem Strich in die Zehnerstelle schreiben.

B Nun addierst du zuerst die Übertragzahl **1** und die Zahl **7** an der Zehnerstelle. Du sprichst: **1** plus **7** gleich **8**. Mach eine kleine Pause und sprich weiter: **8** plus wie viel gleich **13**? **8** plus **5** gleich **13**, schreibe *5*, übertrage *1*. Du betonst die Zahl *5* und schreibst sie unter den Strich in die Zehnerstelle. Den 1 Hunderter schreibst du über dem Strich in die Hunderterstelle.

C Nun addierst du die Übertragzahl *1* und die Zahl **2** an der Hunderterstelle und sprichst:
1 plus **2** gleich **3**. Mach eine kleine Pause und sprich weiter:
3 plus wie viel gleich **6**?
3 plus **3** gleich **6**, schreibe *3*. Du betonst die *3* und schreibst sie unter den Strich.

624	715	956	724
− 268	− 547	− 768	− 297

835	764	821	725
− 596	− 285	− 578	− 297

836	747	358	473
− 378	− 259	− 189	− 189

920	840	810	850
− 247	− 563	− 457	− 382
1 (Übertrag)			
3			

Bei diesen Aufgaben steht an der Einerstelle die Ziffer **0**. Hier sprichst du: **7** plus wie viel gleich **10**? **7** plus **3** gleich **10**, schreibe *3*, übertrage *1*.

Übe weitere Aufgaben zur schriftlichen Subtraktion! Schreibe die Ergänzungszahl und die betont gesprochene Ziffer beim Sprechen auf.

1 Übertragzahl in die leere Stelle

		5	6	3
−			8	5
		1	1	
		4	7	8

A 5 plus wie viel gleich **13**? **5** plus **8** gleich **13**, schreibe 8, übertrage 1.

B **1** plus **8** gleich **9**, **9** plus wie viel gleich **16**? **9** plus **7** gleich **16**, schreibe 7, übertrage 1.

C **1** plus wie viel gleich **5**? **1** plus **4** gleich **5**, schreibe 4.

			6	5	4					7	3	5						5	2	6							9	5	2
	−			8	9				−		9	7					−		7	8					−			6	7

2 Übertragzahl zur Null

		7	7	3
−		4	0	7
			1	
		3	6	6

A **7** plus wie viel gleich **13**? **7** plus **6** gleich **13**, schreibe 6, übertrage 1.

B **1** plus **0** gleich **1**, **1** plus wie viel gleich **7**? **1** plus **6** gleich **7**, schreibe 6.

C **4** plus wie viel gleich **7**? **4** plus **3** gleich **7**, schreibe 3.

			8	6	2					9	5	4						6	5	1							7	6	4
	−		5	0	8				−	6	0	9					−	2	0	8					−		4	0	7

3 Ergänzen zu 10

		1	0	0	0
	−		6	4	3
		1	1	1	
			3	5	7

A **3** plus wie viel gleich **10**? **3** plus **7** gleich **10**, schreibe 7, übertrage 1.

B **1** plus **4** gleich **5**, **5** plus wie viel gleich **10**? **5** plus **5** gleich **10**, schreibe 5, übertrage 1.

C **1** plus **6** gleich **7**, **7** plus wie viel gleich **10**? **7** plus **3** gleich **10**, schreibe 3, übertrage 1.

D **1** plus wie viel gleich **1**? **1** plus **0** gleich **1**.
Die Ziffer 0 schreibst du hier nicht auf.

		1	0	0	0				1	0	0	0					1	0	0	0						1	0	0	0
	−		7	5	8				−	4	6	7					−	3	8	2					−		7	2	1

zähle zusammen · plus · summiere · vermehre um · und · addiere · füge hinzu · zähle dazu · um ... größer · bilde die Summe

1 Zähle zur Zahl 467 die Zahl 89!

			4	6	7
	+			8	9

2 Vermehre die Zahl 356 um 249!

			3	5	6
	+		2	4	9

3 Bilde die Summe aus den Zahlen 455 und 389!

			4	5	5
	+		3	8	9

4 Addiere die Zahlen 286 und 452!

			2	8	6
	+		4	5	2

5 Füge zu 309 die Zahl 547!

			3	0	9
	+		5	4	7

6 Zähle die Zahlen 634 und 89 zusammen!

			6	3	4
	+			8	9

7 Wie groß ist die Summe der Zahlen 268 und 564?

			2	6	8
	+		5	6	4

8 Wie heißt die Summe der Zahlen 127 und 358?

			1	2	7
	+		3	5	8

9 Vermehre 306 und 459!

			3	0	6
	+		4	5	9

10 Addiere die Zahlen 287 und 497!

			2	8	7
	+		4	9	7

weniger · nimm weg · vermindere · vergleiche · gib den Unterschied an · minus · subtrahiere · um ... kleiner · ziehe ab

1 Ziehe von 632 die Zahl 129 ab!

			6	3	2
	−		1	2	9

2 Subtrahiere von 567 die Zahl 379!

			5	6	7
	−		3	7	9

3 Vermindere 872 um 546!

			8	7	2
	−		5	4	6

4 Wie groß ist der Unterschied der Zahlen 762 und 294?

			7	6	2
	−		2	9	4

5 Gib den Unterschied der Zahlen 871 und 458 an!

			8	7	1
	−		4	5	8

6 Meine Zahl ist um 367 kleiner als 871.

			8	7	1
	−		3	6	7

7 Vergleiche die Zahlen 783 und 294!

			7	8	3
	−		2	9	4

8 Nimm von 753 die Zahl 569 weg!

			7	5	3
	−		5	6	9

9 Subtrahiere die Zahl 361 von der Zahl 807!

			8	0	7
	−		3	6	1

10 Ziehe von der Zahl 718 die Zahl 386 ab!

			7	1	8
	−		3	8	6

vervielfache

multipliziere

verdopple (· 2)

nimm ... mit ... mal

das ...fache

1 Nimm die Zahl 67 mit 8 mal!

8	·	67	=	
8	·	60	=	
8	·	7	=	
8	·	67	=	

2 Wie groß ist das 9fache von 76?

9	·	76	=	
9	·	70	=	
9	·	6	=	
9	·	76	=	

3 Vervielfache die Zahl 56 mit 7!

7	·	56	=	
7	·	50	=	
7	·	6	=	
7	·	56	=	

4 Multipliziere die Zahl 94 mit der Zahl 7!

7	·	94	=	
7	·	90	=	
7	·	4	=	
7	·	94	=	

5 Gib das 8fache der Zahl 69 an!

8	·	69	=	
8	·	60	=	
8	·	9	=	
8	·	69	=	

6 Meine Zahl ist das 7fache von 95.

7	·	95	=	
7	·	90	=	
7	·	5	=	
7	·	95	=	

7 Meine Zahl ist das 9fache von 58.

9	·	58	=	
9	·	50	=	
9	·	8	=	
9	·	58	=	

8 Vervielfache die Zahl 47 mit 8!

8	·	47	=	
8	·	40	=	
8	·	7	=	
8	·	47	=	

9 Wie heißt das 3fache von 287?

3	·	287	=	
3	·	200	=	
3	·	80	=	
3	·	7	=	
3	·	287	=	

10 Multipliziere 39 mit 8!

8	·	39	=	
8	·	30	=	
8	·	9	=	
8	·	39	=	

1 Teile die Zahl 98 durch 7!

9	8	:	7	=		
7	0	:	7	=		
2	8	:	7	=		
9	8	:	7	=		

2 Gib den 8. Teil von 96 an!

9	6	:	8	=		
8	0	:	8	=		
1	6	:	8	=		
9	6	:	8	=		

3 Dividiere 276 durch 6!

2	7	6	:	6	=			
2	4	0	:	6	=			
	3	6	:	6	=			
2	7	6	:	6	=			

4 Meine Zahl ist der 9. Teil von 324.

3	2	4	:	9	=			
2	7	0	:	9	=			
	5	4	:	9	=			
3	2	4	:	9	=			

5 Halbiere die Zahl 528!

5	2	8	:	2	=			
4	0	0	:	2	=			
1	2	0	:	2	=			
		8	:	2	=			
5	2	8	:	2	=			

6 Gib den 4. Teil von 928 an!

9	2	8	:	4	=			
8	0	0	:	4	=			
1	2	0	:	4	=			
		8	:	4	=			

7 Wie groß ist der 9. Teil von 243?

2	4	3	:	9	=			
1	8	0	:	9	=			
	6	3	:	9	=			
2	4	3	:	9	=			

8 Teile 435 durch 5!

4	3	5	:	5	=			
4	0	0	:	5	=			
	3	5	:	5	=			
4	3	5	:	5	=			

9 Dividiere die Zahl 525 durch 7!

5	2	5	:	7	=			
4	9	0	:	7	=			
	3	5	:	7	=			
5	2	5	:	7	=			

10 Gib die Hälfte der Zahl 936 an!

9	3	6	:	2	=			
8	0	0	:	2	=			
1	2	0	:	2	=			
	1	6	:	2	=			
9	3	6	:	2	=			

Bei den folgenden Rechenrätseln musst du den Text Schritt für Schritt in ein Rechenbild übertragen.

Aufgabe: Ich denke mir eine Zahl. Wenn ich die Zahl 9 addiere, so erhalte ich die Zahl 35. Wie heißt meine Zahl?

1. Schritt: Ich denke mir eine Zahl. Zeichne ein Kästchen!
2. Schritt: Wenn ich 9 addiere, Pfeil nach rechts +9
3. Schritt: erhalte ich 35. Rückwärtspfeil -9

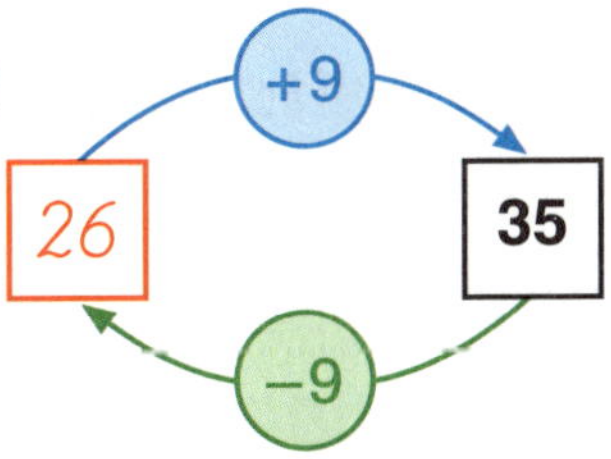

Rechnung: 35 − 9 = 26

Antwort: Meine Zahl heißt **26**.

Beim Rückwärtspfeil wird aus plus minus, aus minus wird plus, aus mal wird geteilt, aus geteilt wird mal.

1 Ich denke mir eine Zahl. Wenn ich 7 addiere, so erhalte ich 29.

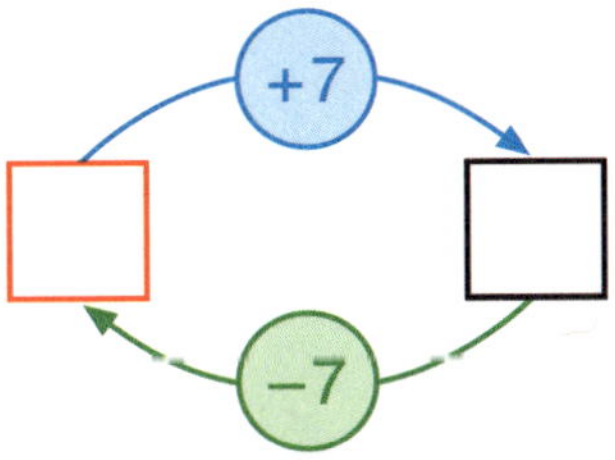

Meine Zahl heißt ________ .

2 Ich denke mir eine Zahl. Wenn ich 12 addiere, so erhalte ich 45.

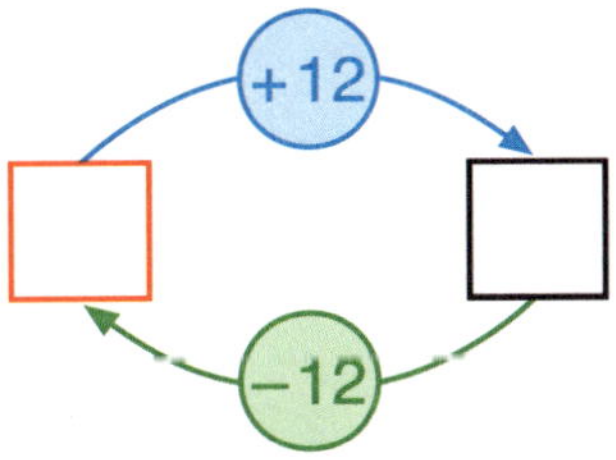

Meine Zahl heißt ________ .

3 Ich denke mir eine Zahl. Wenn ich 25 addiere, so erhalte ich 52.

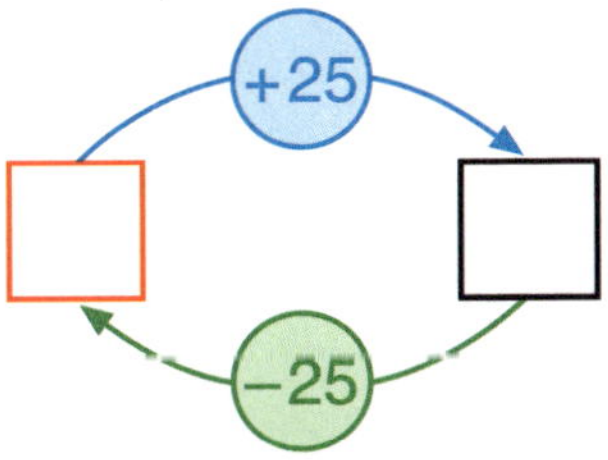

Meine Zahl heißt ________ .

4 Ich denke mir eine Zahl. Wenn ich 8 subtrahiere, so erhalte ich 29.

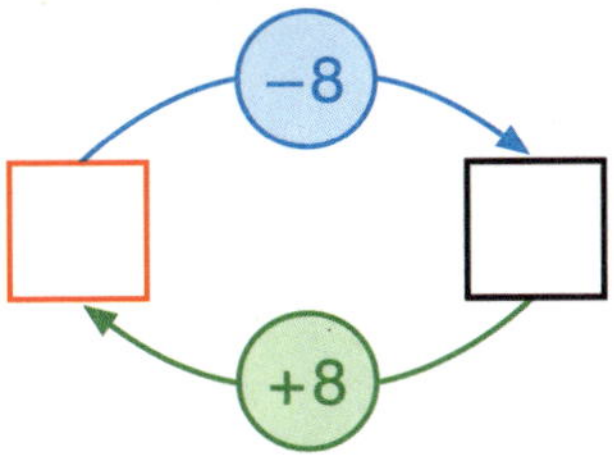

Meine Zahl heißt ________ .

5 Ich denke mir eine Zahl. Wenn ich 6 subtrahiere, so erhalte ich 29.

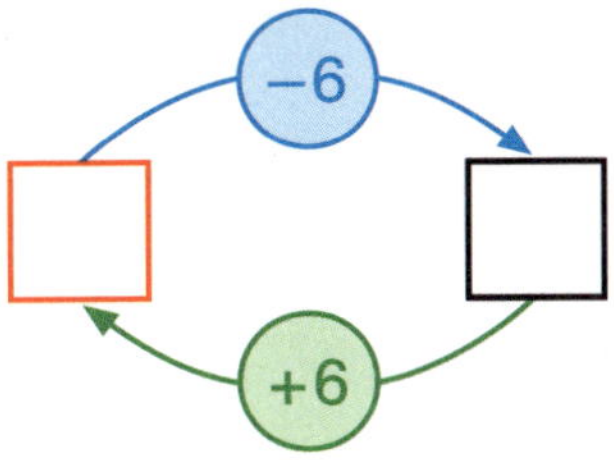

Meine Zahl heißt ________ .

6 Ich denke mir eine Zahl. Wenn ich 17 subtrahiere, so erhalte ich 29.

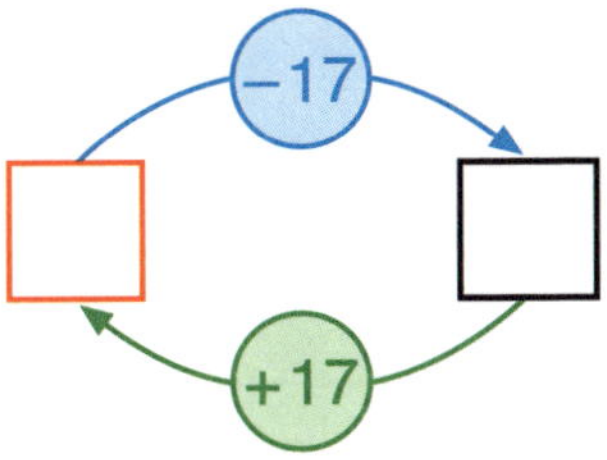

Meine Zahl heißt ________ .

Bei den folgenden Rechenrätseln musst du den Text Schritt für Schritt in ein Rechenbild übertragen.

Aufgabe: Ich denke mir eine Zahl. Wenn ich mit 9 malnehme, so erhalte ich die Zahl 45. Wie heißt meine Zahl?

1. Schritt: Ich denke mir eine Zahl. Zeichne ein Kästchen!
2. Schritt: Wenn ich mit 9 malnehme, Pfeil nach rechts •9
3. Schritt: erhalte ich 45. Rückwärtspfeil :9

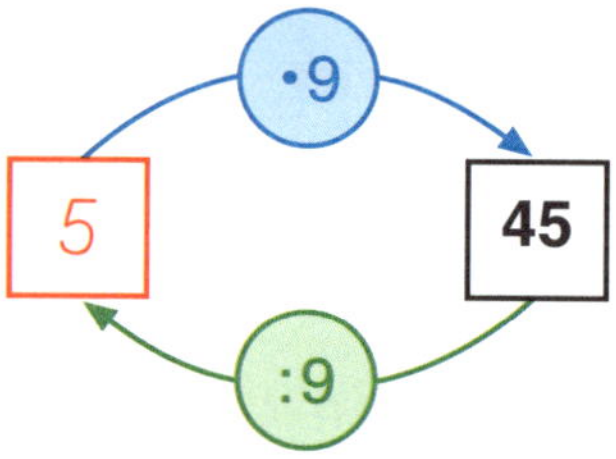

Rechnung: 45 : 9 = 5

Antwort: Meine Zahl heißt 5.

Beim Rückwärtspfeil wird aus mal geteilt, aus geteilt mal.

1 **Wenn ich meine Zahl mit 8 verviel-fache, so erhalte ich 56.**

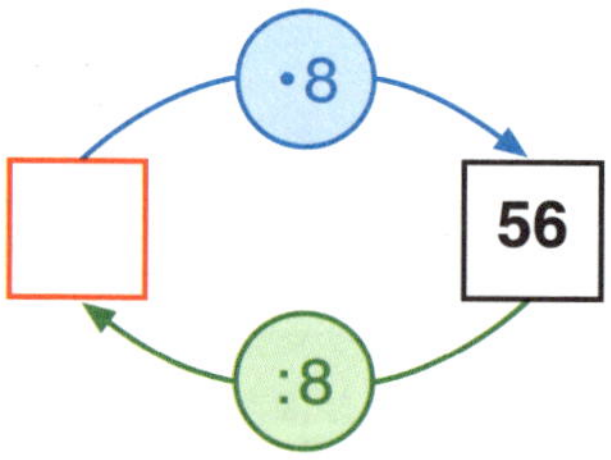

Meine Zahl heißt ________ .

2 **Wenn ich meine Zahl mit 7 verviel-fache, so erhalte ich 63.**

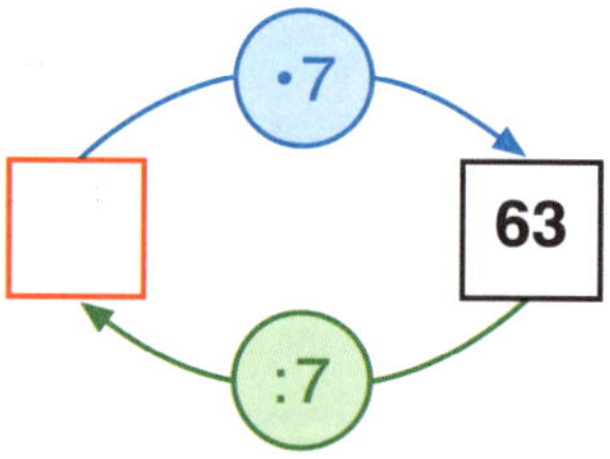

Meine Zahl heißt ________ .

3 **Wenn ich meine Zahl mit 6 verviel-fache, so erhalte ich 42.**

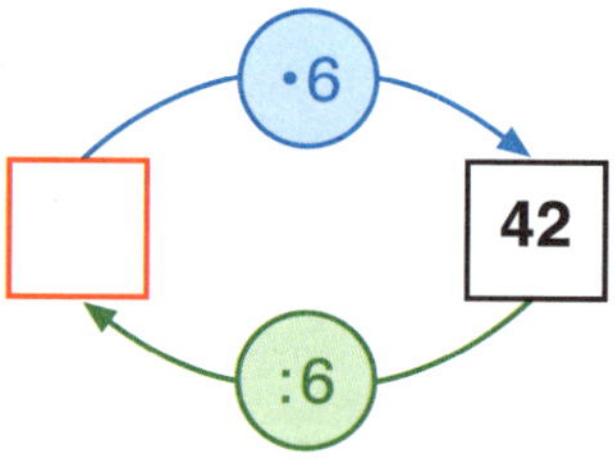

Meine Zahl heißt ________ .

4 **Wenn ich meine Zahl durch 8 teile, so erhalte ich 6.**

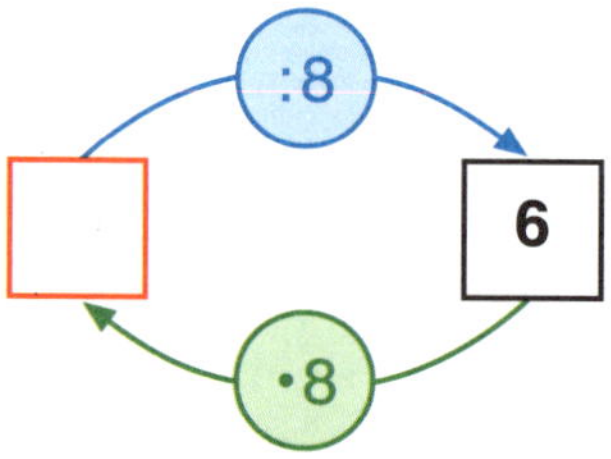

Meine Zahl heißt ________ .

5 **Wenn ich meine Zahl durch 9 teile, so erhalte ich 5.**

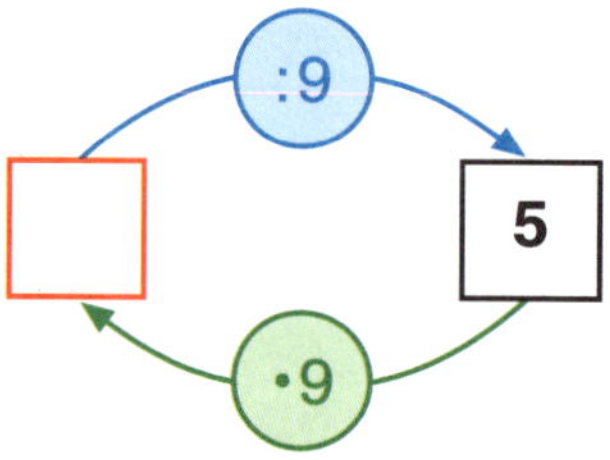

Meine Zahl heißt ________ .

6 **Wenn ich meine Zahl durch 7 teile, so erhalte ich 4.**

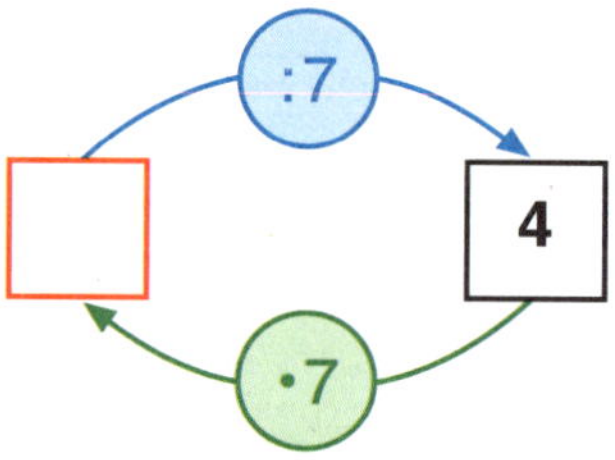

Meine Zahl heißt ________ .

Aufgabe: Wenn ich meine Zahl mit 3 vervielfache und danach noch 8 addiere, so erhalte ich als Ergebnis die Zahl 23.

1. Schritt: Wenn ich meine Zahl — Ich zeichne ein Kästchen
2. Schritt: mit 3 vervielfache, — Pfeil nach rechts mal 3
3. Schritt: und danach 8 addiere, — Pfeil nach rechts +8
4. Schritt: so erhalte ich 23. — Zahl 23
5. Schritt: Rückwärtspfeile

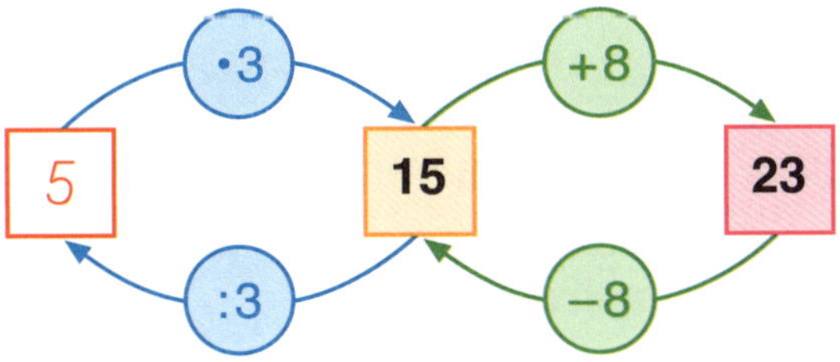

Rechnung: 23 − 8 = 15   15 : 3 = 5

Antwort: Meine Zahl heißt **5**.

1 **Wenn ich meine Zahl durch 9 teile und zum Ergebnis 134 addiere, so erhalte ich 139.**

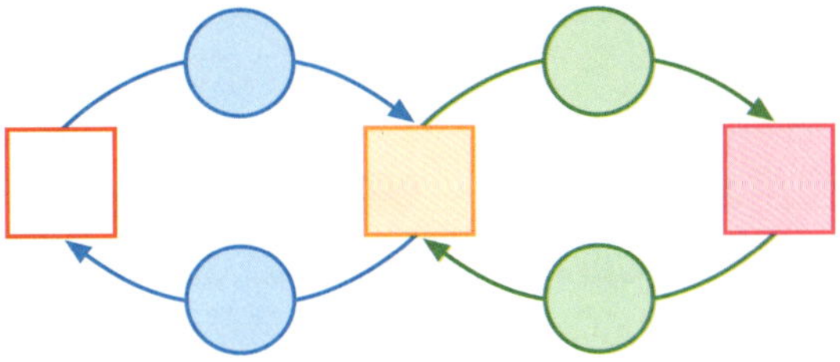

Meine Zahl heißt ________ .

2 **Wenn ich meine Zahl durch 7 teile und zum Ergebnis 132 addiere, so erhalte ich 140.**

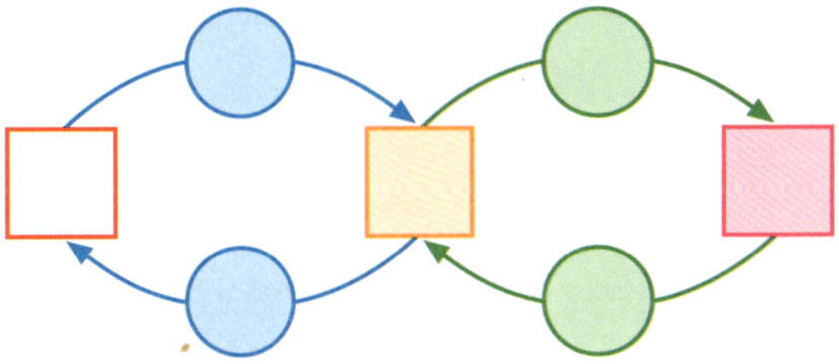

Meine Zahl heißt ________ .

3 **Wenn ich meine Zahl mit 9 malnehme und vom Ergebnis 13 subtrahiere, so erhalte ich 32.**

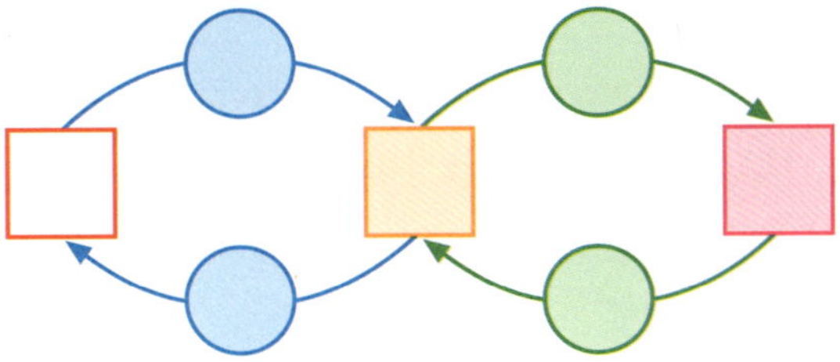

Meine Zahl heißt ________ .

4 **Wenn ich meine Zahl mit 3 vervielfache und zum Ergebnis 12 addiere, so erhalte ich 30.**

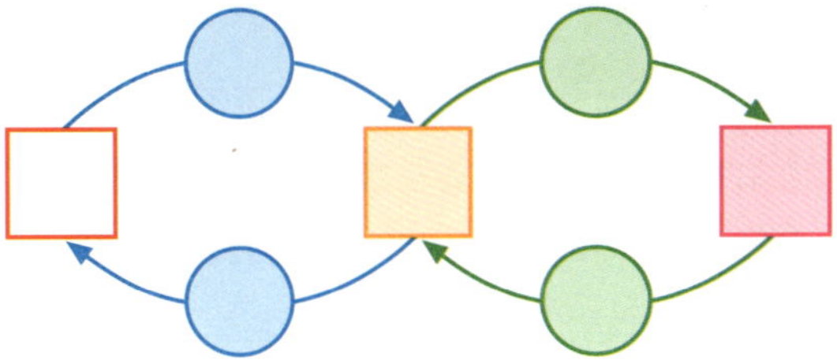

Meine Zahl heißt ________ .

Bei den Sachaufgaben kommt es zunächst darauf an, dass du die richtige Frage stellst. Unterstreiche in den folgenden Sachaufgaben das Tunwort und verwende es bei der Frage! Vermeide Fragen wie: Wie viel sind es?

1 **25 Mädchen und 27 Jungen der Grundschule Obhausen besuchen den Zoo?**

Frage: Wie viele Grundschulkinder besuchen den Zoo?

2 **In der Straßenbahn sitzen 21 Frauen und 18 Männer.**

Frage: Wie viele Personen sitzen in der Straßenbahn?

3 **Auf dem Teich des Vogelparks schwimmen 23 Enten und 14 Schwäne.**

Frage: Wie viele

4 **Im Monat Mai wurden in einer Klinik 48 Jungen und 52 Mädchen geboren.**

Frage: Wie viele

5 **An einer Bootsfahrt nahmen 68 Erwachsene und 34 Kinder teil.**

Frage: Wie viele

6 **Vertreter Hansen bezahlte im Gasthaus für das Essen 28 DM und für Getränke 14 DM.**

Frage: Wie viel

7 **Ein Obsthändler kaufte auf dem Markt 48 kg Äpfel und 36 kg Birnen.**

Frage:

8 **Ein Anorak wird für 98 DM angeboten. Wegen eines Fehlers muss Lisa 26 DM weniger bezahlen.**

Frage:

Bei Sachaufgaben musst du zuerst überlegen, was du weißt, und danach, was du wissen willst. Wenn du dir die Sachaufgaben als Rechengeschichte vorstellst, findest du leichter die richtige Fragestellung.

Rechengeschichte	Was weiß ich?	Was will ich wissen?
Ankes Mathematikheft hat 64 Seiten. Sie hat schon 36 Seiten beschrieben.	• Das Heft hat 64 Seiten. • 36 Seiten sind beschrieben. • ☐ Seiten sind noch leer.	Wie viele Seiten sind noch leer?
Miriam kauft eine Lok für 56 DM und einen Güterwagen für 65 DM.	• Die Lok kostet 56 DM. • Der Güterwagen kostet 65 DM. • Sie muss ☐ DM bezahlen.	Wie viel DM muss sie bezahlen?
Im einem Kindergarten sind 98 Kinder, davon 43 Jungen.	• Insgesamt sind 98 Kinder im Kindergarten. • Davon sind 43 Jungen. • ☐ Mädchen sind in diesem Kindergarten.	Wie viele Mädchen sind in diesem Kindergarten?
Gärtner Nelson hat 68 Setzlinge gepflanzt. Leider wachsen 15 Setzlinge nicht an.	• 68 Setzlinge wurden gepflanzt. • 15 Setzlinge sind nicht angewachsen. • ☐ Setzlinge sind angewachsen.	
Nicole hat 75 Fische in ihrem Aquarium. Sie schenkt ihrer Freundin 28 Fische.	• 75 Fische sind im Aquarium. • 28 Fische werden verschenkt. • ☐ Fische sind noch im Aquarium.	
Herr Grün kauft 9 Pflanzen für den Balkon. Eine Pflanze kostet 6 DM.	• Er kauft 9 Pflanzen. • Eine Pflanze kostet 6 DM. • ☐ DM muss er bezahlen.	

Bei der Lösung von Sachaufgaben kann dir auch eine zeichnerische Darstellung des Lösungsweges helfen.

1 **Sarah kauft ein Fahrrad für 476 DM. Sie bezahlt mit einem 500 DM-Schein.**

500 DM	
Preis des Fahrrads	Rausgeld

Frage: Wie viel DM bekommt sie heraus?

2 **Auf der Tribüne der Sporthalle haben 520 Personen Platz. Bei Spielbeginn waren 375 Plätze besetzt.**

520 Plätze	
Besetzt: 375 Plätze	leere Plätze

Frage: Wie viele Plätze waren noch leer?

3 **Im Parkhaus am Marktplatz können 675 Autos parken. Um 10 Uhr waren 268 Plätze belegt.**

675 Parkplätze	
Besetzt: 268 Plätze	freie Plätze

Frage:

4 **Bei einem Sportfest wurden 984 Besucher gezählt. Die 126 anwesenden Kinder mussten keinen Eintritt bezahlen.**

984 Besucher	
Kinder: 126	zahlende Besucher

Frage:

5 **Jennifer liest ein spannendes Buch. Es hat insgesamt 374 Seiten. 175 Seiten hat sie bereits gelesen.**

374 Seiten	
gelesen: 175 Seiten	nicht gelesen

Frage:

6 **Familie Heger wohnt in Hamburg. Sie will Verwandte in Frankfurt besuchen. Das sind 498 km. Nach 285 km macht sie Pause.**

Gesamtstrecke: 498 km	
gefahren: 285 km	restliche km

Frage:

7 **Tobias begleitet seine Mutter nach München. Beim Einsteigen liest er auf dem Kilometerzähler 276 km ab, bei der Ankunft 612 km.**

gefahrene km bei Ankunft: 612 km	
Abfahrt: 276 km	Fahrkilometer

Frage:

1 Miriam hat 276 DM auf ihrem Sparbuch. Sie bekommt zum Geburtstag 48 DM dazu.

Frage: Wie viel DM hat sie nun auf ihrem Sparbuch?

Lösung:

Ersparnis	Geschenk
Gesamtbetrag	

276 DM + 48 DM = ___ DM

Antwort: Sie hat nun ___ DM auf ihrem Sparkonto.

2 Tanja hat 374 DM auf ihrem Sparkonto. Sie kauft von ihrem Geld ein T-Shirt für 65 DM.

Frage: Wie viel DM bleiben ihr noch?

Lösung:

Gesamtbetrag	
Ausgabe	Restbetrag

374 DM − 65 DM = ___ DM

Antwort: Ihr bleiben noch ___ DM.

3 Adrian hat 324 DM auf seinem Sparkonto. Er möchte einen CD-Player für 418 DM kaufen

Frage: Wie viel DM muss er noch sparen?

Lösung:

Gesamtpreis	
Sparbetrag	Fehlbetrag

___ DM ___ ___ DM = ___ DM

Antwort: Er muss noch ___ DM sparen.

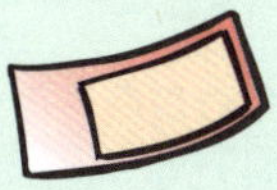

4 Ein Puppentheater hat 485 Sitzplätze. Im Vorverkauf wurden bereits 296 Karten verkauft.

Frage: Wie viele Karten gibt es noch an der Kasse?

Lösung:

Gesamtzahl: Karten	
verkauft	noch erhältlich

___ Karten ___ ___ Karten = ___ Karten

Antwort: An der Kasse gibt es noch ___ Karten.

Oftmals helfen dir die Tunwörter (Verben), damit du weißt, was zu rechnen ist.

Addition	Subtraktion
gewinnnen, dazustellen, verlängern, vermehren, einzahlen, auffüllen, zunehmen, zulegen, hinzufügen, sammeln, erhöhen, tanken, zuladen	wegnehmen, vermindern, verbrauchen, verlieren, abheben, abladen, aussteigen, verringern, nachlassen, ausgeben

Unterstreiche in den Sachaufgaben die Tunwörter und entscheide dann den Rechenweg!

1 **Frau Linsen hat 685 DM gespart. Im Lotto gewinnt sie 214 DM.**

Frage: Wie viel DM hat sie nun auf ihrem Konto?

Rechnung: ☐☐☐ DM ☐ ☐☐☐ DM = ☐☐☐ DM

Antwort: ____________________

2 **Herr Linsen hat 927 DM auf dem Sparkonto. Für eine Kurzreise hebt er von seinem Konto 269 DM ab.**

Frage: ____________________

Rechnung: ☐☐☐ DM ☐ ☐☐☐ DM = ☐☐☐ DM

Antwort: ____________________

3 **Ralf fährt in die Stadt, um einzukaufen. Er hat 500 DM dabei und gibt insgesamt 156 DM aus.**

Frage: ____________________

Rechnung: ☐☐☐ DM ☐ ☐☐☐ DM = ☐☐☐ DM

Antwort: ____________________

4 **Thorsten sammelt Fußballbilder. Er hat schon 157 Bilder. Sein Freund schenkt ihm zum Geburtstag 24 Fußballbilder.**

Frage: ____________________

Rechnung: ☐☐☐ Bilder ☐ ☐☐ Bilder = ☐☐☐ Bilder

Antwort: ____________________

Überlege, welche Sachgrößen zu den folgenden Aufgaben passen!
Löse dann die Aufgaben nach dem Muster: Frage - Rechnung - Antwort!

alter Preis	Preisnachlass	neuer Preis
Gesamtkosten	Materialkosten	Arbeitslohn
Gesamtstrecke	Teilstrecke	Teilstrecke
Gesamtbetrag	Ausgabe	Restgeld
alter Kontostand	Gewinn	neuer Kontostand

1 **Tobias hat 347 DM gespart. Zum Geburtstag erhält er 50 DM.**

Frage: ____________________

Rechnung: ☐☐☐ DM ☐ ☐☐ DM = ☐☐☐ DM

Antwort: ____________________

2 **Silvia nimmt zum Einkaufen 300 DM mit. Sie gibt 125 DM aus.**

Frage: ____________________

Rechnung: ☐☐☐ DM ☐ ☐☐☐ DM = ☐☐☐ DM

Antwort: ____________________

3 **Eine Jacke ist zu 286 DM ausgezeichnet. Wegen eines Fehlers bekommt Sabrina am Preis 55 DM nachgelassen.**

Frage: ____________________

Rechnung: ☐☐☐ DM ☐ ☐☐ DM = ☐☐☐ DM

Antwort: ____________________

4 **Anja fährt nach Berlin. Von ihrem Heimatort ist Berlin 236 km entfernt. Nach 125 km macht sie eine Pause.**

Frage: ____________________

Rechnung: ☐☐☐ km ☐ ☐☐ km = ☐☐☐ km

Antwort: ____________________

5 **Sarah spart auf ein Sportrad, das 528 DM kostet. Sie hat schon 346 DM gespart. Bei einer Verlosung gewinnt sie 75 DM.**

Frage: ____________________

Rechnung: ☐☐☐ DM ☐ ☐☐☐ DM = ☐☐☐ DM

Antwort: ____________________

Hier sind Ausdrücke gesammelt, die zum Malnehmen oder Teilen führen.

Malnehmen	Teilen
Packungen zu je, das …fache, …mal so viel, Einzelpreis/Gesamtpreis	gleichmäßig verteilen, aufteilen, halbieren, austeilen, abgepackt zu, abgefüllt in Portionen zu, einteilen in Portionen zu, den …Teil berechnen

Denke daran: Lies vor der Antwort nochmals die Frage durch!

1 **Angela hat eine Sammlung von 126 Briefmarken. Ihre Freundin Vanessa besitzt dreimal so viele Briefmarken.**

Frage: Wie viele Briefmarken besitzt Vanessa?

Rechnung: 3 · 126 Briefmarken = ___ Briefmarken

Antwort: ___

2 **Carolin teilt den Lottogewinn von 648 DM mit ihren vier Freundinnen.**

Frage: ___

Rechnung: 648 DM : 4 = ___ DM

Antwort: ___

3 **Der Handballverein Glückauf kauft 8 Bälle zu je 42 DM ein.**

Frage: ___

Rechnung: 8 ___ ___ DM = ___ DM

Antwort: ___

4 **Obsthändler Miller erhält 9 Netze mit Orangen. In jedem Netz sind 12 Orangen.**

Frage: ___

Rechnung: ___ ___ ___ Orangen = ___ Orangen

Antwort: ___

5 **Der Fußballclub Neuhaus hat 6 Fußbälle für insgesamt 504 DM gekauft.**

Frage: ___

Rechnung: ___ DM ___ ___ = ___ DM

Antwort: ___

**Überlege, welche Sachgrößen zu den folgenden Aufgaben passen!
Löse die Aufgaben nach dem Muster: Frage – Rechnung – Antwort!**

Anzahl	Einzelgewicht	Gesamtgewicht
Stundenzahl	Weg in 1 Stunde	Fahrstrecke
Gesamtgewicht	Stückzahl	Einzelgewicht
Gesamtlohn	Arbeitsstunden	Stundenlohn
Einzelpreis	Stückzahl	Gesamtpreis

1 **Lehrer Gerber kauft 8 Mathematikbücher zu je 24 DM.**

Frage: ____________________

Rechnung: □ □ □□ DM = □□□ DM

Antwort: ____________________

2 **Anja hat einen Ferienjob. Sie verdient in 8 Stunden 144 DM.**

Frage: ____________________

Rechnung: □□□ DM □ □ = □□ DM

Antwort: ____________________

3 **Tanja macht mit ihren Freundinnen eine Fahrradtour. In der Stunde legen sie 16 km zurück. Nach 6 Stunden sind sie am Ziel.**

Frage: ____________________

Rechnung: □ □ □□ km = □□ km

Antwort: ____________________

4 **Vater lädt 9 Kisten zu je 32 kg in seinen Wagen.**

Frage: ____________________

Rechnung: □ □ □□ kg = □□□ kg

Antwort: ____________________

5 **Bauer Nilson verteilt 150 kg Kartoffeln in 6 Säcke. Jeder Sack fasst die gleiche Menge.**

Frage: ____________________

Rechnung: □□□ kg □ □ = □□ kg

Antwort: ____________________

1

Frage: ______________________________

____

Rechnung:

Antwort: ______________________________

____

2

Frage: ______________________________

____

Rechnung:

Antwort: ______________________________

____

3

Frage: ______________________________

____

Rechnung:

Antwort: ______________________________

____

4

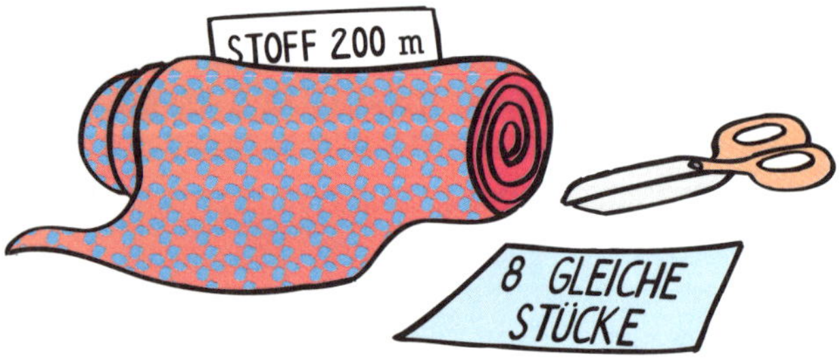

Frage: ______________________________

____

Rechnung:

Antwort: ______________________________

____

1

Frage:

Rechnung:

Antwort:

2

Frage:

Rechnung:

Antwort:

3

Frage:

Rechnung:

Antwort:

4

Frage:

Rechnung:

Antwort:

1

Frage:

Rechnung:

Antwort:

2

Frage:

Rechnung:

Antwort:

3

Frage:

Rechnung:

Antwort:

4

Frage:

Rechnung:

Antwort:

1

Frage:

Rechnung:

Antwort:

2

Frage:

Rechnung:

Antwort:

3

Frage:

Rechnung:

Antwort:

4

Frage:

Rechnung:

Antwort:

Bei folgenden Aufgaben musst du genau auf die einzelnen Sinnschritte achten. Diese geben dir den Rechenweg und auch die einzelnen Rechenschritte an. Bei einigen Aufgaben sind diese Sinnschritte durch Farbe gekennzeichnet.

Beispiel:

Addiere zur Summe der Zahlen 145 und 238 die Zahl 269!

1 4 5 + 2 3 8 + 2 6 9

Addiere sagt dir: Du musst zwei Teile zusammenzählen.
Der erste Teil ist die Summe der Zahlen 145 und 238.
Der zweite Teil ist die Zahl 269.

1 **Vermindere die Zahl 824 um die größte zweistellige Zahl!**

2 **Vermehre die Zahl 456 um die Zahl 347!**

3 **Subtrahiere vom 7fachen der Zahl 56 die Zahl 286!**

4 **Verdopple die Summe der Zahlen 235 und 178!**

5 **Halbiere den Unterschied der Zahlen 846 und 248!**

Versuche nun, die wichtigen Sinnschritte zu erkennen und genauso wie auf Seite 58 mit Farbe zu kennzeichnen!

1. Vermehre den 7. Teil von 322 um die Zahl 497!

2. Vervielfache die Differenz (Unterschied) der Zahlen 675 und 583 mit der Zahl 7!

3. Vermindere das 8fache von 76 um die Zahl 381!

4. Verdopple den Unterschied der Zahlen 673 und 241!

5. Subtrahiere von der größten dreistelligen Zahl die Summe der Zahlen 256 und 468!

6. Ziehe vom 9fachen der Zahl 87 die Zahl 562 ab!

**Lies die Aufgaben sorgfältig durch!
In manchen Aufgaben ist eine Falle versteckt.**

1. Frau Müller kauft ein Dutzend Eier ein. Ihre Freundin hat 12 Stück eingekauft. Wer hat mehr Eier eingekauft?

2. Oma kauft eine Kiste Äpfel mit 10 kg. Sie bezahlt mit einem 5DM-Stück. Wie viel DM bekommt sie zurück?

3. In der Straßenbahn sitzen 24 Fahrgäste. Bei der nächsten Haltestelle steigen 12 Fahrgäste aus und 32 ein. Wie viele Fahrgäste sitzen nun in der Bahn?

4. Ein Vater ist doppelt so alt wie sein Sohn. Zusammen sind sie 66 Jahre alt. Wie alt ist der Vater, wie alt ist der Sohn?

5. Frau Manz zersägt 5 Bretter zu Brennholz. Jedes Brett sägt sie viermal durch. Wie viele Brettstücke hat sie?

6. Nina addiert zu ihrem Alter die Zahl 15, teilt dann durch 9 und erhält die Zahl 3. Wie alt ist sie?

7. Anja machte mit ihren Freundinnen am 31. Februar eine Radtour. Zunächst legten sie 42 km zurück, nach einer Pause nochmals 26 km. Wie viele km fuhren sie insgesamt?

8. Bernd kauft im Sportgeschäft einen Jogging-Anzug für 276 DM. Er bezahlt mit drei 100DM-Scheinen. Wie viel DM bekommt er zurück?

Auf dieser Seite kannst du immer wieder nachlesen, wenn du einzelne Ausdrücke vergessen hast. Präge dir diese Begriffe gut ein!

Rechenart	Zusammen-zählen	Wegnehmen	Malnehmen	Teilen
Rechen-zeichen	+	–	•	:
Lateinischer Begriff	Addition	Subtraktion	Multiplikation	Division
Passendes Tunwort	addieren	subtrahieren	multiplizieren	dividieren
Ergebnis	Summe	Unterschied Differenz	Vielfaches Produkt	Teil Quotient
Vorgang	und plus vermehren zusammen-zählen hinzufügen dazuzählen Summe bilden um … größer	weniger minus wegnehmen abziehen vergleichen Unterschied angeben vermindern um … kleiner	mal vervielfachen das …fache malnehmen verdoppeln (•2) …mal so viel …zu je	geteilt teilen verteilen aufteilen austeilen Portionen der …ste Teil halbieren (:2)
Schreibweise	12+26=	34–18=	6•27=	48:6=

S. 2:
1. 2, 8; 3, 5, 1; 7 ,4 ,9
2. 8, 6, 1, 4, 2, 9, 7, 5
3. 8, 2; 6, 4, 7; 5, 9, 1
4. 2/40, 7/50, 2/80, 1/30, 2/60, 5/30, 1/40, 6/50, 9/80, 4/30, 9/90, 5/80;
   4/60, 5/90, 4/70, 9/30, 7/90, 4/80, 4/50, 9/70, 3/70, 1/90, 8/30, 4/90;
   8/80, 3/30, 8/40, 6/70, 3/40, 3/90, 7/60, 6/90, 1/60, 5/60, 3/50;
   1/80, 1/70, 6/40, 8/50, 2/30, 5/70, 8/60, 7/30, 3/80

S. 3:
1. 48, 84, 34, 43, 95; 35, 72, 96, 56, 65, 76; 63, 51, 49, 78, 87, 58
2. 70, 20; 40, 80, 60; 50, 90, 10;
   – 6, – 3, – 9; – 2, – 4, – 8; – 5, –1, – 4
3. 77, 54, 93, 96; 92, 46, 87, 62, 72; 91, 84, 78, 67, 73
4. 24, 37, 33, 42; 33, 22, 11, 26, 31; 35, 47, 19, 34, 17

S. 4:
1. 5, 8, 3, 6, 1, 2, 9, 7
3. 26, 34, 44, 52, 63, 71, 82, 31, 44, 51, 62
5. 33, 32, 31, 32; 34, 34, 32, 31

S. 5:
1. 4, 7; 2, 5, 8; 3, 6, 9
2. 1, 8; 7, 5, 4; 3, 2, 9
3. 16, 42, 79, 41, 52; 24, 55, 86, 25, 36; 33, 68, 63, 74, 17
4. –1, –6, –8, –7, –3, –6, –4;
   –7, –3, –8, –3, –2, –8, –5, –6;
   –2, –5, –7, –4, –4, –1, –5, –2

S. 6:
1. 55, 38, 47, 25, 78, 88, 48, 29
2. 37, 57, 79, 64; 46, 67, 28, 67; 27, 38, 47, 58; 29, 34, 49, 56
3. 27, 88, 58; 36, 78, 44; 48, 65, 39

S. 7:
1.

Tabelle 1	Tabelle 2
32 35 33 31 34;	32 38 34 37 35;
43 46 44 42 45;	61 67 63 66 64;
54 57 55 53 56;	52 58 54 57 55;
62 65 63 61 64;	71 77 73 76 74;
73 76 74 72 75;	82 88 84 87 85;
Tabelle 3	**Tabelle 4**
28 26 24 27 25;	45 48 46 47 49;
37 35 33 36 34;	64 67 65 66 68;
49 47 45 48 46;	72 75 73 74 76;
58 56 54 57 55;	83 86 84 85 87;
77 75 73 76 74;	55 58 56 57 59;

2. 41, 66, 45, 51, 73, 91; 63, 35, 32, 51, 82, 94; 83, 91, 42, 61, 83, 93;
   27, 39, 48, 59, 67, 78; 26, 36, 48, 57, 69, 76; 27, 37, 49, 59, 69, 78
3. 7; 5, 1; 4, 3; 8, 2; 7, 4; 3, 8; 5, 2; 6, 1

S. 8:
1. 8/80; 9/90; 7/70; 9/90; 8/80; 7/70; 7/70; 8/80
2. 23, 33, 43, 53, 63, 73, 83;
   26, 36, 46, 56, 66, 76, 86;
   74, 64, 54, 44, 34, 24, 14
3. 50, 90, 70, 90, 80, 70, 70, 80;
   40, 30, 30, 50, 20, 10, 40, 30;
   40, 30, 20, 40; 60, 40, 50, 20
4.

20 + 60 = 80	40 + 50 = 90	80 – 60 = 20
90 – 50 = 40	60 + 20 = 80	50 + 40 = 90
80 – 20 = 60	90 – 40 = 50	

S. 9:
1. 67, 88; 75, 78, 79; 57, 75, 68
2. 68, 69; 76, 69, 88
3. 59, 57, 79; 87, 77, 78; 69, 79, 79; 86, 87, 79; 79, 78, 79; 86, 78, 87

S. 10:
1. 57, 56, 78, 87, 79; 60, 60, 80, 90, 80; 64, 63, 86, 95, 87
2. 71, 94; 64, 93, 92
3. 62, 55; 72, 85; 61, 74

S. 11:
1. 43, 21, 24, 32, 45; 40, 20, 20, 30, 40; 35, 16, 17, 25, 36
2. 45, 45, 49; 55, 39, 48; 26, 48, 59
3. 47, 53, 46; 59, 38, 34; 27, 37, 44; 39, 38, 27

S. 12:
1. 2, 4, 6; 4, 8, 12; 8, 16, 24;
   10, 20, 18; 20, 40, 36; 40, 80, 72;
   4, 8, 16; 8, 16, 32; 16, 32, 64;
   6, 12, 14; 12, 24, 28; 24, 48, 56
2. mal 2: 6, 14, 10, 8, 16, 12, 4, 18
   mal 4: 8, 16, 32, 12, 24, 28, 20, 36
   mal 8: 56, 64, 16, 24, 32, 72, 40, 48
3. 6, 10, 14, 18, 4, 8, 16, 12, 2, 20
   12, 20, 28, 36, 8, 16, 32, 24, 4, 40
   24, 40, 56, 72, 16, 32, 64, 48, 8, 80

S. 13:
1. 5, 10, 15; 10, 20, 30; 25, 50, 45; 50, 100, 90; 10, 20, 40; 20, 40, 80; 15, 30, 35; 30, 60, 70
2. mal 5: 15, 45, 20, 10, 30, 40, 35, 25
   mal 10: 70, 90, 40, 80, 60, 50, 0, 30
3. mal 5: 15, 25, 35, 45, 10, 20, 40, 30, 5, 50
   mal 10: 30, 50, 70, 90, 20, 40, 80, 60, 10, 100

S. 14:
1. 3, 6, 9; 6, 12, 18; 15, 30, 27; 30, 60, 54; 6, 12, 24; 12, 24, 48; 9, 18, 21; 18, 36, 42
2. 6, 12, 24; 8, 16, 32; 10, 20, 40; 12, 24, 48; 16, 32, 64; 20, 40, 80; 6, 12; 9, 18; 12, 24; 40, 20; 50, 25; 60, 30; 50, 45; 60, 54; 80, 72; 15, 30, 35; 18, 36, 42; 24, 48, 56

S. 15:
mal 4: 3, 5, 6, 10, 8, 4, 7, 9
mal 2: 3, 7, 5, 9, 6, 10, 8, 4
mal 8: 2, 8, 4, 6, 9, 3, 7, 5
mal 5: 15, 45, 20, 10, 30, 40, 35, 25
Tabelle mal 3:
3, 30, 15, 6, 12, 24, 9, 18, 27, 21, 0
Tabelle mal 4:
4, 40, 20, 8, 16, 32, 12, 24, 36, 28, 0

1. Tabelle	2. Tabelle	3. Tabelle
10, 20, 40	16, 32, 64	14, 28, 56
12, 24, 48	4, 8, 16	18, 36, 72
8, 16, 32	6, 12, 24	0, 0, 0

S. 16:
1. 21, 28, 49, 63
2. 7, 14, 21, 28, 35, 42, 49, 56, 63, 70
3. 7, 14, 21; 35, 70, 63; 14, 28, 56; 21, 42, 49
4. 21, 14, 0, 42, 28, 49, 70, 56, 7, 63, 35
5. 10, 5, 7; 1, 6, 8; 3, 9, 2; 4, 0, 8
6. 2, 1, 5, 6; 0, 4, 7, 3; 3, 9, 8, 10

S. 17: 1. 9, 18, 27, 36, 45, 54, 63, 72, 81, 90
2. 9, 18, 27; 45, 90, 81; 18, 36, 72; 27, 54, 63
3. 9, 45, 72, 54; 36, 63, 18, 27; 0, 81, 90;
0, 10, 5, 7; 1, 2, 4, 3; 6, 8, 9, 6
4. mal 3: 6, 18, 27, 12, 15, 9, 21, 24
mal 6: 24, 12, 54, 18, 42, 30, 48, 36
mal 9: 36, 45, 54, 81, 72, 63, 18, 27

S. 18: 1. 28, 48, 27, 28, 35, 54
2. 9, 7, 72, 6; 40, 72, 56, 9; 8, 4, 35, 49;
54, 9, 0, 8; 48, 32, 64, 7

S. 19: 1. 4, 6; 18, 21, 45; 48, 24, 42
2. 2, 9, 7, 4; 4, 6, 4, 7; 5, 1, 6, 1; 3, 10, 9, 9;
7, 8, 1, 3; 2, 10; 7, 6; 9, 4; 4, 8; 10, 9; 4, 1;
6, 8; 3, 7; 5, 10; 2, 9; 10, 2, 2, 5; 9, 3, 4, 7;
6, 6, 1, 6; 3, 8, 3, 8; 2, 10, 9, 10

S. 20: 1. 300, 400, 600, 700, 800, 900;
900, 800, 600, 500, 400, 200
2. 206, 409, 702, 508, 907, 301;
340, 680, 850, 460, 530, 290;
446, 732, 973, 662, 859, 284
3. 135/137; 260/262; 384/386; 457/459;
724/726; 856/858; 542/544; 641/643
4. 240/250; 350/360; 280/290; 470/480;
260/270; 530/540; 410/420; 320/330
5. 400/500; 100/200; 600/700; 700/800;
800/900; 200/300; 500/600; 300/400

S. 21: 1. 230, 260, 270, 280;
320, 330, 350, 360, 380, 390, 400;
420, 440, 450, 470, 480, 490, 510;
540, 550, 580, 590, 610, 620;
342, 343, 344, 346, 347, 348, 349;
428, 429, 431, 432, 433, 434;
558, 559, 562, 563, 564, 566, 567
2. 330, 340, 350, 360, 370, 380, 390, 400
3. 470, 480, 490, 500, 510, 520, 530, 540
4. 130, 280, 330, 460, 590, 500, 550, 1000
5. Gelb: 582, 654, 671, 763, 892
Grün: 328, 414, 607, 856, 927

S. 22: 2. 201, 202, 211, 212;
227, 236, 237, 238, 247, 257;
254, 256, 264, 265, 266;
531, 532, 533, 542, 543, 551, 552, 553, 563;
569, 570, 579, 580, 589, 590, 599, 600;
725, 726, 727, 735, 745;
827, 828, 829;
701, 702, 711, 712;
424, 425, 426, 435, 436, 444, 445, 446, 456;
745, 746, 747, 755, 765;
375, 384, 385, 386, 395;
907, 908, 909;
777, 778, 787, 788, 789, 790;
304, 306, 314, 315, 316

S. 23: 1. 9, 90, 900; 8, 80, 800; 6, 60, 600
2. 77, 277; 83, 283; 65, 265; 95, 295; 74, 274;
87, 287
3. 484, 482, 375, 392, 291
4. 685, 782

S. 24: 1. 48/348; 38/238; 29/829; 25/425; 27/327;
48/448; 37/637; 15/715; 21/421
2. 531, 622, 715, 615, 462
3. 321, 421, 422, 333, 542

S. 25: 1. 279, 369, 489, 589; 236, 312, 461, 578
2. 746, 844, 743
3. 366, 468, 348

S. 26: 1. 18/180; 36/360; 27/270; 48/480; 56/560;
28/280; 24/240; 27/270
2. mal 7: 350, 490, 280, 560, 140, 210, 420, 630
mal 8: 720, 400, 560, 640, 320, 160, 240, 480
mal 9: 540, 810, 450, 630, 270, 360, 180, 720
3. mal 40: 400, 160, 280, 200, 360, 240, 120, 320
mal 60: 180, 480, 360, 240, 540, 420, 600, 300
mal 30: 120, 60, 210, 150, 240, 180, 270, 90
mal 70: 350, 560, 280, 490, 210, 420, 630, 140

S. 27: 1. 6/60; 3/30
90, 80, 50, 90, 90, 70, 90;
40, 60, 60, 50, 60, 90, 80;
70, 80, 70, 70, 80, 70, 90
2. 3, 4, 6, 9, 8; 5, 6, 7, 6, 9; 4, 9, 9, 8, 8
3. 40, 3, 6, 70, 50, 4, 40, 6;
30, 3, 30, 4, 5, 50, 8, 90;
40, 3, 4, 60, 40, 5, 80, 9

S. 28: 1. 1. Tabelle

640	240	480	160
400	150	300	100
720	270	540	180
480	180	360	120
560	210	420	140
320	120	240	80
240	90	180	60

2. Tabelle

630	490	350	210
360	280	200	120
720	560	400	240
270	210	150	90
810	630	450	270
540	420	300	180
450	350	250	150

3. Tabelle

240	120	480	300
120	60	240	150
280	140	560	350
80	40	160	100
320	160	640	400
200	100	400	250
160	80	320	200

2. mal 6: 420, 180, 240, 120, 480, 360, 540, 300
mal 5: 150, 400, 100, 200, 300, 450, 250, 350
mal 4: 160, 80, 320, 240, 360, 200, 280, 120
3. geteilt durch 40: 9, 5, 3, 8, 2, 6, 10, 4, 7
geteilt durch 30: 4, 7, 10, 3, 5, 8, 6, 2, 9
geteilt durch 70: 4, 7, 10, 3, 6, 2, 9, 5, 8

S. 29: 1. 144, 156, 280, 234, 441, 576
2. 948, 895, 822, 778, 825, 708

S. 30: 1. 26; 2. 17; 3. 16;
4. 23; 5. 34; 6. 25

S. 31: 1. 627; 2. 447;
3. 716, 804, 972; 4. 32, 46, 54;
5. 847, 478, 942, 58

S. 32: 688, 785, 877, 766; 997, 779, 958, 798; 767, 589, 786, 955; 778, 778, 898, 679

S. 33: 611, 476, 775, 771; 673, 781, 792, 657; 761, 693, 556, 771; 783, 791, 691, 871; 763, 484, 681, 784

S. 34: 725, 844, 732, 774; 652, 843, 474, 834; 831, 842, 844, 725; 741, 741, 543, 844; 920, 834, 942, 852; 520, 770, 760, 830

S. 35: Beispiel: 882;
1. 546; 2. 615; 3. 731; 4. 684; 5. 741;
6. 510; 7. 845; 8. 731; 9. 805

S. 36: 551, 254, 424, 451; 423, 214, 432, 321; 242, 234, 432, 334; 317, 242, 544, 533

S. 37: 356, 168, 188, 427; 239, 479, 243, 428; 458, 488, 169, 284; 673, 277, 353, 468

S. 38: 1. 565, 638, 448, 885;
2. 354, 345, 443, 357;
3. 242, 533, 618, 279

S. 39: 1. 556; 2. 605; 3. 844; 4. 738; 5. 856;
6. 723; 7. 832; 8. 485; 9. 765; 10. 784

S. 40: 1. 503; 2. 188; 3. 326; 4. 468; 5. 413;
6. 504; 7. 489; 8. 184; 9. 446; 10. 332

S. 41: 1. 536; 2. 684; 3. 392; 4. 658; 5. 552;
6. 665; 7. 522; 8. 376; 9. 861; 10. 312

S. 42: 1. 14; 2. 12; 3. 46; 4. 36; 5. 264;
6. 232; 7. 27; 8. 87; 9. 75; 10. 468

S. 43: 1. 22; 2. 33; 3. 27; 4. 37; 5. 35;
6. 46

S. 44: 1. 7; 2. 9; 3. 7; 4. 48; 5. 45;
6. 28

S. 45: 1. 45; 2. 56; 3. 5; 4. 6

S. 46: 3. Wie viele Tiere schwimmen auf dem Teich?
4. Wie viele Kinder wurden geboren?
5. Wie viele Personen nahmen teil?
6. Wie viel DM bezahlte er insgesamt?
7. Wie viel kg Obst kaufte der Obsthändler?
8. Wie viel DM muss Lisa bezahlen?

S. 47: Fragen:
Wie viele Setzlinge sind angewachsen?
Wie viele Fische sind noch im Aquarium?
Wie viel DM muss er bezahlen?
Ergebnisse:
28 Seiten;
121 DM;
55 Mädchen;
53 Setzlinge;
47 Fische;
54 DM

S. 48: 1. Sie bekommt 24 DM heraus.
2. Es waren noch 145 Plätze leer.
3. Wie viele Plätze waren noch frei?
Es waren 407 frei.
4. Wie viele Besucher bezahlten Eintritt?
858 Besucher zahlten Eintritt.
5. Wie viele Seiten hat sie noch nicht gelesen?
Sie hat 199 Seiten noch nicht gelesen.
6. Wie viele km muss sie noch fahren?
Sie muss noch 213 km fahren.
7. Wie viele km sind sie gefahren?
Sie sind 336 km gefahren.

S. 49: 324 DM; 309 DM; 94 DM; 189 Karten

S. 50: 899 DM; 658 DM; 344 DM; 181 Bilder

S. 51: 397 DM; 175 DM; 231 DM; 111km; 107 DM

S. 52: 378 Briefmarken; 162 DM; 336 DM; 108 Orangen; 84 DM

S. 53: 192 DM; 18 DM; 96km; 288 kg; 25 kg

S. 54: 1. Ein Band kostet 12 DM.
2. Der Fuchs isst 432 Mohrenköpfe.
3. Er hat 62 Seiten am Tag gelesen.
4. Ein Stück ist 25 m lang.

S. 55: 1. Die Mäuse bekommen 100 Karten.
2. Alle Spiele kosten 238 DM.
3. In einem Monat tranken die beiden 140 Liter.
4. Der Dino hat 172 Reifen vorrätig.

S. 56: 1. 6 Stück kosten 42 DM.
2. Sie sind 547 km gefahren.
3. Die Maus braucht 228 Fotoecken.
4. Die Inline-Skates kosten 247 DM.

S. 57: 1. Der Fuchs muss 712 DM bezahlen.
2. Die Geräte kosten zusammen 826 DM.
3. Die Maus hat 83 Karten.
4. Dinos Jacke ist 413 DM teurer.

S. 58: 1. $824 - 99 = 725$ 2. $456 + 347 = 803$
3. $392 - 286 = 106$ 4. $2 \cdot 413 = 826$
5. $598 : 2 = 299$

S. 59: 1. $46 + 497 = 543$ 2. $92 \cdot 7 = 644$
3. $608 - 381 = 227$ 4. $432 \cdot 2 = 864$
5. $999 - 724 = 275$ 6. $783 - 562 = 221$

S. 60: 1. 1 Dutzend = 12 Stück
2. Achtung Falle: Der Preis fehlt!
3. $24 - 12 = 12$; $12 + 32 = 44$
4. Vater 44 Jahre, Sohn 22 Jahre
5. $5 \cdot 5$ Stück = 25 Stück
6. Alter: 12 Jahre
7. Achtung Falle: Der Februar hat 28 (29) Tage.
8. 300 DM – 276 DM = 24 DM